rororo sport
Herausgegeben von Bernd Gottwald

Berend Breitenstein **Hometrainer Bodybuilding**
Übungen
und Programme

Mit Fotos von Horst Lichte

Rowohlt Taschenbuch Verlag

Für die Bereitstellung der in diesem
Buch gezeigten Trainingsgeräte gilt
mein besonderer Dank dem Fit-Food
Store in Hamburg.

Originalausgabe
Veröffentlicht im Rowohlt Taschenbuch
Verlag GmbH, Reinbek bei Hamburg,
März 2002
Copyright © 2002 by Rowohlt Taschenbuch
Verlag GmbH, Reinbek bei Hamburg
Redaktion Thorsten Krause
Umschlaggestaltung any.way,
Barbara Hanke / Cordula Schmidt
(Foto: Horst Lichte)
Layout Annette Peter
Satz Life und Officina Sans (PostScript)
QuarkXPress 4.11
Gesamtherstellung Clausen & Bosse, Leck
Printed in Germany
ISBN 3 499 61019 1

Die Schreibweise entspricht den
Regeln der neuen Rechtschreibung.

Inhalt

7 **Erfolgreich, natürlich und gesund trainieren!**

8 **Gestaltung des Trainings**

8 Diese Ausrüstung brauchen Sie

8 Gut aufwärmen (Warm up)

10 Wichtige Fragen zum Trainingsablauf

14 Erholung beschleunigen (Cool down)

14 Trainingsplus Ausdauer

17 **Übungen für das Bodybuilding-Hometraining**

17 Oberschenkel

24 Brust

31 Rücken

40 Schultern

51 Bizeps

61 Trizeps

70 Unterarme

73 Bauch

76 Waden

79	**Trainingsprogramme für das Bodybuilding-Hometraining**
79	Ganzkörpertraining
80	2-Tage-Split-Programm
82	3-Tage-Split-Programm
84	4-Tage-Split-Programm
86	5-Tage-Split-Programm
88	6-Tage-Split-Programm
91	Bauch spezial
92	Body-Symmetrie
93	Pull – Push
95	Vorermüdung
98	Antagonistisches Supersatztraining
101	**Dehnen für Bodybuilder**
101	Positive Effekte des Dehnens
102	Dehnübungen
121	**Anhang**
121	Übungen im Überblick
123	Literatur
124	Der Autor

Erfolgreich, natürlich und gesund trainieren!

Dieses Buch, der sechste Baustein der Reihe Bodybuilding im Rowohlt Taschenbuch Verlag, zeigt, wie Sie auch in den eigenen vier Wänden erfolgreich Muskeln aufbauen und Fett reduzieren können. Selbstverständlich steht auch im «Hometrainer» wieder der Gedanke des drogenfreien, gesunden Bodybuilding im Vordergrund. Bodybuilding ist ein wunderbarer Sport, der zu bester Gesundheit und gutem Aussehen führt, vorausgesetzt, es wird auf die Einnahme von gesundheitsschädlichen Dopingmitteln wie beispielsweise anaboler Steroide oder Wachstumshormonen verzichtet. Die Bausteine für erfolgreiches Bodybuilding sind wohldosiertes Training, bedarfsgerechte Ernährung und ausreichend Ruhe. Dieses Buch gibt Ihnen zahlreiche Tipps und Informationen, um ohne aufwendige Geräteausstattung auch zu Hause erfolgreich, natürlich und gesund Bodybuilding betreiben zu können.
Viel Freude und Erfolg im Training wünscht Ihnen

Berend Breitenstein

Gestaltung des Trainings

Diese Ausrüstung brauchen Sie

Zur *Hometrainer-Ausrüstung* gehören eine Trainingsbank mit verstellbarer Rückenlehne, eine Langhantel, zwei Kurzhanteln sowie einige Hantelscheiben von unterschiedlichem Gewicht. Idealerweise komplettieren Sie Ihre Ausrüstung noch durch eine SZ-Hantel (gebogene Langhantel), obwohl die im Buch beschriebenen Übungen mit der SZ-Hantel auch sehr gut mit der geraden Langhantel trainiert werden können, und eine Klimmzugstange, die z. B. zwischen dem Türrahmen installiert wird. Als zusätzliches Ausdauertrainingsgerät empfiehlt sich ein Standfahrrad (Fahrradergometer), Sie können sich aber auch die Laufschuhe anziehen und an der frischen Luft joggen. Für ein effektives, vielseitiges Muskeltraining sind die oben genannten Geräte völlig ausreichend – Fortgeschrittene und ambitionierte Bodybuilder können ihre Ausrüstung gegebenenfalls durch einen Seilzug und einen Beintisch (es sind gute Kombi-Geräte erhältlich) ergänzen.*

Gut aufwärmen (Warm up)

Vor dem Gewichtstraining ist es sehr wichtig, sich ausreichend aufzuwärmen, damit Verletzungen der Muskulatur, der Sehnen, Bänder und Gelenke keine Chance haben. Zudem dient das Aufwärmen der geistigen Einstellung auf das Training. Beginnen Sie das Training daher immer mit dem Aufwärmen, das sich aus vier hauptsächlichen Schritten zusammensetzt:

Die psychische Einstellung auf das Training

Die psychische Einstellung auf das Training kann sehr gut mit dem allgemeinen Aufwärmen verbunden werden. Machen Sie sich vor Beginn des Trainings Ihre Trainingsziele be-

* Übungen und Trainingsprogramme mit Seilzügen und Beintischen finden Sie z. B. in den Büchern Breitenstein: «Bodybuilding. Die besten Übungen» (rororo Sport 19483) und Breitenstein: «Power Bodybuilding. Erfolgreich, natürlich, gesund» (rororo Sport 19470).

> **Hometrainer-Ausrüstung im Überblick**
>
> - Trainingsbank mit verstellbarer Rückenlehne
> - Langhantel
> - zwei Kurzhanteln
> - Hantelscheiben von unterschiedlichem Gewicht
> - + evtl. SZ-Hantel (gebogene Langhantel)
> - + evtl. Klimmzugstange
> - + evtl. Standfahrrad

wusst. Schaffen Sie vor Ihrem geistigen Auge ein Bild von der angestrebten Form Ihres Körpers. Stellen Sie sich die Trainingsübungen vor und konzentrieren Sie sich darauf, das Gewichtstraining mit hoher Intensität und sehr korrekter Technik auszuführen, um optimale Ergebnisse zu erreichen.

Allgemeines Aufwärmen

Wählen Sie für das allgemeine Aufwärmen eine Aktivität, die mindestens ein Sechstel der Gesamtkörpermuskulatur belastet, z. B. Rad fahren auf dem Standfahrrad (Radergometer) oder Laufen. Sollten Sie sich für das Laufen entscheiden, drehen Sie entweder einige Runden um den Block oder laufen Sie einfach auf der Stelle. Auch das Seilspringen ist eine gute Möglichkeit für das allgemeine Aufwärmen. Die Dauer des allgemeinen Aufwärmens sollte zwischen 10 und 20 Minuten betragen. Sobald Ihre Haut mit einem leichten Schweißfilm überzogen ist, empfiehlt es sich, zum nächsten Teil des Aufwärmens überzugehen.

Dehnen

Wenn Sie vor dem Gewichtstraining Dehnübungen ausführen, minimieren Sie das Verletzungsrisiko. Machen Sie für jede Muskelgruppe, die Sie nachfolgend trainieren, eine oder zwei Dehnübungen – eine Anleitung und Übungsvorschläge finden Sie auf den Seiten 101–120.

Spezielles Aufwärmen

Bevor Sie mit Gewichten trainieren, die Ihnen zwischen 6 und maximal 15 Wiederholungen pro Satz erlauben, sollten Sie jede Übung mit einem oder zwei leichten Aufwärmsätzen zu 10 bis 15 Wiederholungen mit etwa 50 Prozent des Maximalgewichts ausführen. So wärmen Sie sehr effektiv genau die Muskelgruppen auf, die im anschließenden Training belastet werden – auch die Gelenke, Sehnen und Bänder sind durch einen behutsamen Trainingseinstieg vor Verletzungen geschützt.

Wichtige Fragen zum Trainingsablauf

Wie lange sollen Sie trainieren?

Im Bodybuilding gilt grundsätzlich: *Intensität vor Dauer.* Überlange Trainingszeiten und optimale Intensität und daraus resultierende bestmögliche Ergebnisse im Muskelaufbau schließen sich gegenseitig aus. Eine Trainingseinheit sollte inklusive Auf- und Abwärmen nicht länger als 90 Minuten dauern. Bodybuilding-Beginner sollten sogar noch kürzere Trainingszeiten von etwa 60 Minuten wählen.

Wie schwer sollen Sie trainieren?

Im Bodybuilding wird bevorzugt mit *mittleren bis submaximalen Gewichten* trainiert, die zwischen 6 und 15 Wiederholungen pro Satz ermöglichen. Derartige Reizintensitäten resultieren am ehesten in der Verdickung der Muskelfasern (Muskelhypertrophie). Für den Aufbau von kompakter, massiver Muskulatur sind vorzugsweise submaximale Reizintensitäten von etwa 6 bis 8 Wiederholungen pro Satz zu empfehlen. Mittlere Reizintensitäten von bis zu 15 Wiederholungen pro Satz dienen eher der allgemeinen Muskelkräftigung und sollten das schwere Training nur ergänzen.

Reizintensität und Trainingswirkung

Reizintensität (100 % = 1 Maximalwiederholung)		Reizdauer (Wiederholung pro Satz)	Trainingswirkung
leicht	40–60 %	15–25	Kraftausdauer
mittel	60–80 %	8–15	Muskelfaserverdickung (Hypertrophie)
submaximal	80–85 %	6–8	Hypertrophie, Intramuskuläre Koordination
schwer	90–95 %	2–4	Intramuskuläre Koordination, Maximalkraft
maximal	95–100 %	1–2	Intramuskuläre Koordination, Maximalkraft

Der Grund für die Effektivität submaximaler Reizintensitäten für den Muskelaufbau liegt in der Anatomie der Muskulatur und im Nerv-Muskel-Zusammenspiel. Muskeln bestehen aus roten und weißen Muskelfasern. Rote Muskelfasern ermöglichen Ausdauerbelastungen über einen längeren Zeitraum, ihre Kontraktionsgeschwindigkeit ist langsam (slow-twitch). Weiße Muskelfasern ermöglichen schnelle, kräftige Muskelkontraktionen über einen kurzen Zeitraum (fast-twitch). Weiße Muskelfasern verfügen über ein größeres Wachstumspotenzial als rote Muskelfasern. Für die spezifischen Anpassungsreaktionen an die Belastungen der weißen Muskelfasern ist die Höhe des verwendeten Trainingsgewichts entscheidend. Je schwerer das verwendete Gewicht, umso mehr Muskelfasern werden durch Nervenimpulse aktiviert (motorische Einheit), um den durch das Gewicht erzeugten Widerstand zu überwinden. Das heißt, je mehr Muskelfasern kontrahieren, desto mehr Fasern reagieren auf den Trainingsreiz mit einer Verdickung. Diese Tatsache könnte nun zur Annahme verleiten, dass mit Maximalgewichten und einer oder zwei sehr schweren Wiederholungen pro Satz trainiert werden sollte um einen optimalen Muskelaufbau zu erzielen. Die Dauer eines Trainingsreizes mit Maximalgewichten ist jedoch zu kurz, um das Muskelwachstum bestmöglich zu stimulieren. Auch die Verletzungsgefahr ist bei der Übungsausführung mit maximalen Gewichten deutlich höher als beim Training mit submaximalen Gewichten. Daher sind submaximale Trainingsreize, die 6 bis 8 Wiederholungen pro Satz erlauben, das Mittel der Wahl. Hier werden die weißen, schnell kontrahierenden Muskelfasern über einen ausreichend langen Zeitraum aktiviert, um mit größtmöglicher Verdickung reagieren zu können.

Wie häufig sollen Sie trainieren?
Um einen muskulösen Körper aufzubauen, müssen, ja dürfen Sie nicht mehrere Stunden täglich trainieren. Ungenügende Erholung führt dazu, dass Sie keine optimalen Ergebnisse im Muskelaufbau erzielen. Das Übertraining ist der Albtraum des Bodybuilders – Kraftleistung und Trainingsmotivation sinken, und die Verletzungsgefahr erhöht sich. Um Übertraining zu vermeiden, halten Sie sich bei der Trainingsplanung an das Prinzip der überschießenden Wiederherstellung (Superkompensation).

Während des Trainings verbraucht der Körper Nährstoffe, Mineralien und Spurenelemente werden ausgeschieden. Für den Trainingserfolg ist es sehr wichtig, dass diese Stoffe dem Körper in ausreichender Menge wieder zugeführt werden. Das braucht Zeit und Ruhe.* Zudem passt sich der Körper (Herz-Kreislauf-System, Muskulatur) an die Trainingsbelastung erst in der Ruhephase, im Anschluss an das Training, an. Die unterschiedlichen Organsysteme des Körpers benötigen unterschiedlich lange Zeit für die Regeneration. Das Vegetativum erholt sich am schnellsten, gefolgt vom Herz-Kreislauf-System, das sich innerhalb einiger Minuten bis zu einer Stunde nach dem Training erholt haben sollte. Die Muskulatur benötigt mindestens einen Tag, noch länger brauchen die Sehnen, Bänder und Gelenke!

Ist der Abstand zur nächsten Trainingseinheit allerdings zu lang, stagniert der Muskelaufbau. Der erneute Trainingsreiz sollte möglichst direkt im Anschluss an die Erholung, die eigentliche «Wachstumsphase» erfolgen, aber nicht viel später. Wenn Sie den Wechsel zwischen

---

* Für ausführliche Informationen zur bodybuildinggerechten Ernährung siehe Breitenstein: «Die Kraftküche» (rororo Sport 19496) und Breitenstein: «Power Bodybuilding» (rororo Sport 19470).

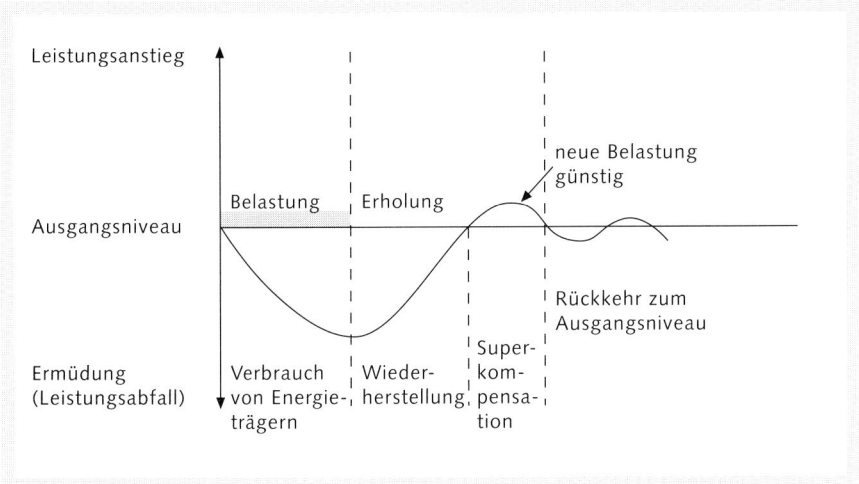

Belastung und Erholung optimal treffen und dazu mit der erforderlichen Trainingsintensität trainieren, werden Sie großartige Ergebnisse im Muskelaufbau erzielen.

Wie schnell der Erholungsprozess abgeschlossen ist, liegt neben den Faktoren Trainingsintensität und Ernährung auch an der individuellen Konstitution und persönlichen Lebensumständen, wie z. B. Arbeitstätigkeit und Lebensstil. Ein wichtiger Faktor der Erholung ist der Schlaf – zwischen 7 und 8 Stunden pro Nacht. Im Idealfall machen Sie zusätzlich noch ein kleines Nickerchen am Tage. Versuchen Sie, auch in turbulenten Zeiten möglichst ruhig zu bleiben, denn Unruhe und Hektik sind Feinde des Muskelaufbaus. Auch Sauna, Solarium, Kinobesuche, ein schönes Essen zu zweit oder ein Treffen mit Freunden sind gute Erholungsmaßnahmen. Sehr wirksam sind auch Ausdauerakaktivitäten mit niedriger Intensität, z. B. lockere Waldläufe oder gemütliche Radtouren, um Körper und Geist zu regenerieren.

Für beste Ergebnisse im Bodybuilding ist es von entscheidender Bedeutung, dass Sie für sich persönlich herausfinden, wie umfangreich, intensiv und häufig Ihr Training sein sollte. Wenn Sie den für Sie optimalen Rhythmus zwischen Belastung und Erholung ermittelt haben, werden Ihre Muskeln wachsen und Ihre Körperkraft wird zunehmen.

Erholung beschleunigen (Cool down)

Das langsame Ausklingen einer Trainingseinheit, das Abwärmen, resultiert in einer Beschleunigung des Erholungsprozesses. Es setzt sich aus 5 bis 15 Minuten lockerem Radfahren auf dem Radergometer oder Laufen (evtl. auf der Stelle) und aus gezielten Dehnübungen für die im Training belasteten Muskelgruppen zusammen – Übungsvorschläge finden Sie auf den Seiten 102–120.

Trainingsplus Ausdauer

Ausdauertraining, z. B. in Form von Laufen oder Radfahren, zeigt vielfältige positive Effekte für Körper und Geist. Es fördert nicht nur die Leistung des Herz-Kreislauf-Systems, sondern trägt auch in hohem Maße dazu bei, den Körperfettanteil niedrig zu halten. Dadurch wird die während intensiver Trainingseinheiten im Studio erarbeitete Muskelsubstanz in ihren Konturen deutlich sichtbar. Als Hometrainer-Ausstattung empfiehlt sich ein Radergometer, ein Stepp- oder ein Rudergerät für das Ausdauertraining. Natürlich können Sie aber auch draußen in der Natur laufen oder Fahrrad fahren.

Um Körperfett abzubauen, also eingelagertes Depotfett als Energiequelle zu verbrennen, sollte das Ausdauertraining mindestens 25 Minuten dauern. In den ersten 25 Minuten der Aktivität werden nämlich hauptsächlich die Kohlenhydratspeicher in Leber und Muskeln entleert. Erst danach beginnt der Körper damit, überwiegend Fette als Energielieferanten zu verbrennen. Länger als 45 Minuten sollte das Ausdauertraining aber auch nicht dauern, da mit fortschreitender Trainingsdauer auch verstärkt körpereigene Proteine, also Muskulatur, als Energielieferanten dienen! Daran ist Ihnen als Bodybuilder, dessen Ziel es ist, Muskeln aufzubauen, natürlich nicht gelegen.

Ein Hinweis: Stark übergewichtige Personen sollten wegen der hohen Belastung für die Gelenke nicht laufen. Das Training auf dem Radergometer ist hier die bevorzugte Alternative.

Wie hoch ist die Trainingsintensität während der Ausdauerbelastung?

Anstrengen müssen Sie sich schon, wenn Erfolge sichtbar werden sollen. Das bedeutet aber nicht, dass Ihnen bereits nach 10 Minuten die Puste ausgeht. Ein mindestens 25-minütiges Ausdauertraining wird Ihnen nicht gelingen, wenn Sie den Waldlauf im Tempo eines 400-Meter-Laufes beginnen oder wenn Sie beim Training auf dem Radergometer gleich vom Start der Belastung an mit einem hohen Widerstand trainieren. Eine gute Richtlinie dafür, ob Ihr Ausdauertraining die richtige Intensität hat, ist die *vertiefte Atmung*. Wenn Sie kräftig ein- und ausatmen und trotzdem noch sprechen können, z. B. mit einem Laufpartner, liegen Sie richtig. Selbstverständlich gehört zu einer guten, Fett verbrennenden Trainingseinheit auch, dass Sie ins Schwitzen kommen. Wer es ganz genau wissen möchte, der kann anhand eines Herzfrequenzmessgeräts die Trainingsintensität kontrollieren. Als Faustregel gilt: *Maximale Herzfrequenz: 220 minus Lebensalter*. Für eine optimale Fettverbrennung sollten Sie mit 55 bis 65 Prozent Ihrer maximalen Herzfrequenz über einen Zeitraum zwischen 30 und 45 Minuten trainieren. Höhere Trainingsintensitäten und eine damit verbundene höhere Herzfrequenz trainiert in erster Linie das Herz-Kreislauf-System.

Mit einem *Intervalltraining*, dem das Prinzip der wechselnden Belastungsintensitäten zugrunde liegt, werden sehr gute Ergebnisse im Fettabbau erzielt. Es ergibt sich z. B., wenn Sie während eines Waldlaufs einige Steigungen laufen – beim Training auf dem Radergometer können Sie ein Intervallprogramm extra einstellen. Aber auch das Training nach der so genannten *Dauermethode* ist effektiv. Hier laufen Sie gleichmäßig z. B. auf ebenem Gelände oder fahren mit konstantem Widerstand auf dem Radergometer.

Wann sollten Sie Ausdauer trainieren

Idealerweise sollte das Ausdauertraining morgens auf nüchternen Magen absolviert werden – also noch vor dem Frühstück. Die gespeicherten Kohlenhydrate (Glykogenreserven) hat der Körper insbesondere bei kohlenhydratreduzierter Ernährung während der Nacht zur Aufrechterhaltung der vitalen Funktionen (Atmung, Stoffwechsel und Gehirntätigkeit) nahezu verbraucht. Aufgrund fehlender Nahrungszufuhr vor dem Ausdauertraining bleibt dem Körper daher gar nichts anderes übrig, als schnell auf Fettverbrennung umzuschalten.

Sollten Sie eher ein Abendmensch sein, den alleine bei dem Gedanken an frühmorgendliches Ausdauertraining ein ungutes Gefühl beschleicht, dann empfiehlt es sich, das Ausdauertraining direkt im Anschluss an das Training mit Gewichten zu machen. Auch mit dieser Reihenfolge – erst Gewichte, dann Ausdauer – werden gute Ergebnisse im Fettabbau erzielt, denn während des Gewichtstrainings werden reichlich Kohlenhydrate verbraucht und der Körper muss deshalb während des Ausdauertrainings schneller auf Fettverbrennung umschalten.

Übungen für das Bodybuilding-Hometraining

Oberschenkel

Kniebeuge

Trainierte Muskulatur: Oberschenkel, Gesäß, Rückenstrecker

Die Kniebeuge mit der Langhantel auf den Schultern ist eine sehr effektive Übung für die Bein-, Gesäß- und untere Rückenmuskulatur. Bei Verwendung von schweren Gewichten profitiert zudem der Oberkörper von dieser Übung, sodass sie aufgrund der hervorragenden Trainingswirkung als «Königin der Übungen» bezeichnet wird.

Übungsbeschreibung: Sie stehen aufrecht mit etwa schulterbreitem Fußabstand und leicht nach außen gerichteten Zehen. Die Langhantel befindet sich auf Ihrem Nacken, ohne unangenehmen Druck. Gehen Sie in die Hocke, bis sich die Oberschenkel mindestens in paralleler Position zum Boden befinden. Richten Sie sich wieder bis in die Ausgangsposition auf und halten Sie dabei den Rücken möglichst gerade. Blicken Sie immer nach vorn, nie nach unten und vermeiden Sie eine X- oder O-Stellung der Kniegelenke. Atmen Sie beim Aufrichten aus. Wenn Sie dazu neigen, den Oberkörper während der Bewegung weit nach vorne zu beugen, dann platzieren Sie Ihre Fersen auf einer 2–4 cm hohen Unterlage.

Empfohlenes Trainingsgewicht: Beginner 30–50 kg, Fortgeschrittene 90–130 kg

Frontkniebeuge

Trainierte Muskulatur: vordere Oberschenkel, Gesäß

Frontkniebeugen sind hervorragend dazu geeignet, den vorderen Oberschenkelmuskel gezielt zu trainieren. Die korrekte Ausführung dieser Übung erfordert ein gutes Körpergefühl. Die Frontkniebeuge ist im Vergleich zur Nackenkniebeuge, bei dem das Gewicht auf dem hinteren Schulterbereich aufliegt, die wesentlich rückenschonendere Variante, da es mit dem auf der vorderen Schulter platzierten Gewicht wesentlich leichter fällt, den Rücken während der Übungsausführung stets gerade zu halten.

Übungsbeschreibung: Sie stehen aufrecht mit engem Fußabstand und gerade nach vorne gerichteten Fußspitzen auf einer einige Zentimeter hohen Fußablage, z. B. einem Holzbrett oder zwei Hantelscheiben. Die Langhantel befindet sich auf dem Muskelpolster Ihrer vorderen Schultermuskeln. Um die Hantel zu fixieren, kreuzen Sie die Hände und umfassen das Gewicht. Gehen Sie in die Hocke, bis sich Ihre Oberschenkel unterhalb der Höhe Ihrer Kniegelenke befinden. Richten Sie sich durch den kraftvollen Einsatz der Oberschenkelmuskeln wieder auf, ohne am tiefsten Punkt der Bewe-

gung zu federn. Halten Sie den Rücken immer gerade, um Verletzungen des unteren Rückenbereichs zu vermeiden. Richten Sie die Ellenbogen immer leicht nach oben, damit das Gewicht nicht von den Schultern rutschen kann. Vermeiden Sie eine X-Stellung der Knie. Blicken Sie während der Bewegung immer gerade nach vorne, nie nach unten. Sollte die Hantelstange unangenehm auf Ihren Schultern drücken, können Sie beispielsweise ein Handtuch um die Langhantel legen, das den Druck etwas mindert. Atmen Sie beim Aufrichten aus der Hocke aus.

Empfohlenes Trainingsgewicht: Beginner 20–30 kg, Fortgeschrittene 60–80 kg

Kreuzheben mit leicht angewinkelten Beinen

Trainierte Muskulatur: hintere Oberschenkel, Gesäß, unterer Rücken

Beim Kreuzheben mit leicht angewinkelten Beinen kommt es nicht in erster Linie darauf an, viel Gewicht zu verwenden, sondern darauf, sich während der Übungsausführung ganz auf den Dehneffekt in den hinteren Oberschenkelmuskeln zu konzentrieren.

Übungsbeschreibung: Sie stehen mit engem Fußabstand und beugen sich nach vorne, um die sich vor Ihnen befindliche Langhantel zu greifen. Halten Sie den Rücken stets gerade und winkeln Sie die Knie leicht an. Beim Aufrichten blicken Sie immer geradeaus, nie nach unten. Verlagern Sie Ihr Körpergewicht auf die Fersen, so als wollten Sie Ihre Füße in den Boden drücken. Wenn Sie die aufgerichtete Position wieder erreicht haben, ziehen Sie die Schultern leicht nach hinten und drücken die Gesäßmuskulatur zusammen. Um den Bewegungsradius der Übung und damit den Dehneffekt für die hinteren Oberschenkel noch zu erhöhen, können Sie sich auf eine einige Zentimeter dicke Unterlage, z. B. ein Holzbrett stellen. Atmen Sie beim Aufrichten aus.

Empfohlenes Trainingsgewicht: Beginner 20–30 kg, Fortgeschrittene 60–80 kg

Ausfallschritt mit der Langhantel

Trainierte Muskulatur: vordere und hintere Oberschenkel, Gesäß
Der Ausfallschritt ist sehr gut geeignet, um die gesamte Oberschenkel- und Gesäßmuskulatur zu erreichen. Zwar erfordert die korrekte technische Ausführung von Ausfallschritten etwas Übung, aber wenn die Bewegung erst einmal «sitzt», werden Oberschenkel und Gesäß sehr profitieren.

Übungsbeschreibung: Sie stehen aufrecht mit einer auf dem Nacken positionierten Langhantel. Die Füße sind dicht zusammengestellt. Stellen Sie ein Bein so weit nach vorne, dass das Knie des anderen Beines kurz den Boden berührt. Je weiter Sie das Bein nach vorne bringen, umso stärker ist der Trainingseffekt für die Gesäßmuskeln. Ziehen Sie das vorgestellte Bein wieder nach hinten in die Ausgangsposition zurück und wiederholen Sie die Bewegung mit dem anderen Bein. Atmen Sie beim Aufrichten aus.

Empfohlenes Trainingsgewicht: Beginner 20–30 kg, Fortgeschrittene 40–60 kg

Ausfallschritt mit Kurzhanteln

Trainierte Muskulatur: vordere und hintere Oberschenkel, Gesäß

Der Ausfallschritt mit Kurzhanteln ist eine gute Alternative zum Ausfallschritt mit einer auf den Schultern positionierten Langhantel. Besonders wenn die Langhantelstange unangenehm auf dem Nacken drückt, ist die Übungsausführung mit Kurzhanteln empfehlenswert.

Übungsbeschreibung: Stehen Sie aufrecht mit eng zusammengestellten Füßen und halten Sie mit gestreckten Armen in jeder Hand eine Kurzhantel. Stellen Sie ein Bein so weit nach vorne, dass das Knie des anderen Beines kurz den Boden berührt. Je weiter Sie das Bein nach vorne bringen, umso mehr profitiert die Gesäßmuskulatur von dieser Übung. Ziehen Sie das nach vorne gestellte Bein wieder nach hinten in die Ausgangsposition zurück und wiederholen Sie die Bewegung mit dem anderen Bein. Atmen Sie beim Aufrichten aus.

Empfohlenes Trainingsgewicht: Beginner 10–15 kg, Fortgeschrittene 15–25 kg

Step-Up mit Kurzhanteln

Trainierte Muskulatur: vordere Oberschenkel, Gesäß

Übungsbeschreibung: Sie stehen vor einer quer gestellten Trainingsbank und halten in jeder Hand eine Kurzhantel. Setzen Sie einen Fuß auf die Bank und drücken Sie das Bein so weit durch, dass Sie mit einem Bein auf der Bank stehen. Halten Sie den Rücken möglichst gerade. Der Fuß des anderen Beines berührt in der Endposition kurz das Bankpolster. Gehen Sie wieder in die Ausgangsposition zurück und wiederholen Sie die Bewegung mit dem anderen Bein. Sie können auch erst die vollständige Anzahl an Wiederholungen mit einem und dann mit dem anderen Bein machen. Atmen Sie beim Aufrichten aus.

Empfohlenes Trainingsgewicht: Beginner 5–10 kg, Fortgeschrittene 15–25 kg

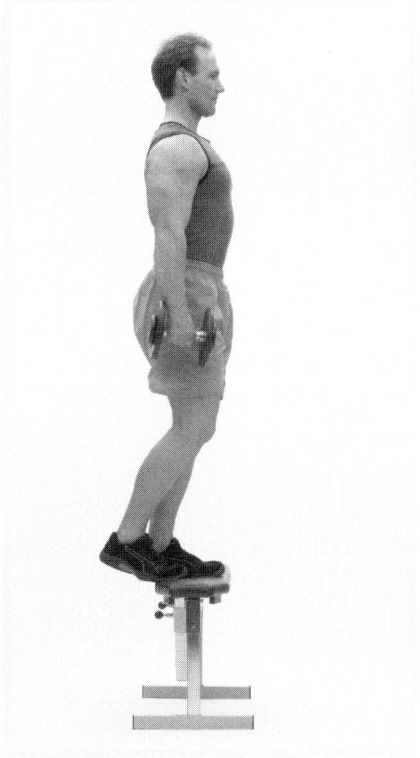

Brust

Bankdrücken mit der Langhantel

Trainierte Muskulatur: Brust, vordere Schulter, Trizeps

Bankdrücken ist eine Grundübung für den Aufbau einer massiven, kompakten Brustmuskulatur. Auch die vorderen Schultermuskeln und der Trizeps profitieren von dieser Übung.

Übungsbeschreibung: Sie liegen auf der Trainingsbank und greifen die Langhantel mit etwas mehr als schulterbreitem Griff. Drücken Sie das Gewicht bis zur vollen Streckung der Arme nach oben. Senken Sie die Hantel weit nach unten ab, bis Sie kurz Kontakt mit Ihrem Brustkorb bekommt. Ziehen Sie beim Absenken des Gewichts die Ellenbogen leicht nach hinten, um die Brustmuskulatur zu dehnen. Drücken Sie das Gewicht wieder bis zur vollen Streckung der Arme nach oben. Vermeiden Sie das Abfedern der Hantelstange von Ihrem Brustkorb und halten Sie das Gesäß immer auf der Bank. Wenn Sie zu starker Hohlkreuzbildung neigen, heben Sie die Oberschenkel an, kreuzen Sie die Füße und ziehen Sie die Knie leicht in Richtung Brustkorb. Atmen Sie beim Hochdrücken aus.

Empfohlenes Trainingsgewicht: Beginner 30–40 kg, Fortgeschrittene 60–90 kg

Bankdrücken mit Kurzhanteln

Trainierte Muskulatur: Brust, vordere Schulter, Trizeps

Das Bankdrücken mit Kurzhanteln ist eine Variation des Bankdrückens mit der Langhantel (s. S. 24). Durch die Übungsausführung mit Kurzhanteln können die Gewichte sehr tief seitlich am Körper abgesenkt werden.

Übungsbeschreibung: Sie liegen auf einer Flachbank und halten mit gestreckten Armen eine Kurzhantel in jeder Hand. Senken Sie die Gewichte so weit wie möglich seitlich am Oberkörper ab. Ziehen Sie dabei die Ellenbogen leicht nach hinten, um eine besonders intensive Dehnung der Brustmuskulatur zu erzielen. Am tiefsten Punkt der Bewegung drücken Sie die Kurzhanteln wieder bis zur vollen Streckung der Arme nach oben. Spannen Sie die Brustmuskeln in der Position mit gestreckten Armen stark an. In der Endposition drehen Sie die Hände zusätzlich nach innen, sodass die Handflächen einander zugewandt sind. Sollten Sie zu einer starken Hohlkreuzbildung neigen, empfiehlt es sich, die Beine anzuheben, die Knie anzuwinkeln und in Richtung Brustkorb zu ziehen. Atmen Sie beim Hochdrücken aus.

Empfohlenes Trainingsgewicht: Beginner 10–15 kg, Fortgeschrittene 25–35 kg

Schrägbankdrücken mit der Langhantel

Trainierte Muskulatur: obere Brust, vordere Schulter, Trizeps
Durch die Übungsausführung mit schräger Rückenlehne wird die obere Brustmuskulatur besonders gezielt trainiert. Üblicherweise liegt die Schrägeinstellung der Bank bei etwa 45 Grad – je steiler die Bank gestellt ist, umso mehr verlagert sich die Belastung von der oberen Brustmuskulatur auf die vordere Schultermuskulatur.

Übungsbeschreibung: Sie liegen auf einer Schrägbank und halten mit gestreckten Armen und einem etwas mehr als schulterbreiten Griff eine Langhantel. Senken Sie das Gewicht so weit nach unten ab, bis die Hantelstange Kontakt mit dem oberen Brustkorb bekommt. Ziehen Sie während der Abwärtsbewegung die Ellenbogen leicht nach hinten, um die Brustmuskulatur zu dehnen. Drücken Sie das Gewicht wieder bis zur vollen Streckung der Arme nach oben. Atmen Sie beim Hochdrücken aus.

Empfohlenes Trainingsgewicht: Beginner 25–35 kg, Fortgeschrittene 60–90 kg

Schrägbankdrücken mit Kurzhanteln

Trainierte Muskulatur: Obere Brust, vordere Schulter, Trizeps
Durch die Verwendung von Kurzhanteln können die Gewichte seitlich am Körper sehr tief abgesenkt werden. Die Schrägeinstellung der Bank liegt üblicherweise bei etwa 45 Grad. Wird die Bank steiler gestellt, werden die vorderen Schultermuskeln stärker in die Bewegung mit einbezogen.

Übungsbeschreibung: Sie liegen auf einer Schrägbank und halten bei gestreckten Armen in jeder Hand eine Kurzhantel. Senken Sie die Gewichte so weit wie möglich seitlich am Oberkörper ab, bis zu dem Punkt, an dem die Kurzhanteln die vordere Schultermuskulatur berühren. Ziehen Sie beim Absenken der Gewichte die Ellenbogen leicht nach hinten, um eine besonders intensive Dehnung in der Brustmuskulatur zu erzielen. Drücken Sie die Gewichte wieder bis zur vollen Streckung der Arme nach oben und spannen Sie die Brustmuskeln in der Endposition stark an. Atmen Sie beim Hochdrücken aus.

Empfohlenes Trainingsgewicht: Beginner 10–15 kg, Fortgeschrittene 25–35 kg

Fliegende Bewegung auf der Flachbank

Trainierte Muskulatur: Brust

Übungsbeschreibung: Sie liegen auf einer Flachbank und halten mit gestreckten Armen in jeder Hand eine Kurzhantel. Senken Sie die Gewichte seitlich tief ab. Winkeln Sie beim Absenken der Kurzhanteln die Ellenbogen leicht an und ziehen Sie diese etwas nach hinten, sodass die Brustmuskeln effektiv gedehnt werden. Schultern, Ellenbogen und Handgelenke bilden während der gesamten Übungsausführung eine Linie – die Kurzhanteln werden in der Bewegung nicht gedreht. Ziehen Sie die Gewichte wieder bis zur vollen Streckung der Arme nach oben, drücken Sie sie erst im letzten Stück der Aufwärtsbewegung wieder durch. Sollten Sie zu einer starken Hohlkreuzbildung neigen, heben Sie die Beine an, schlagen Sie die Füße übereinander und winkeln Sie die Beine in Richtung Brust an. Atmen Sie während der Aufwärtsbewegung aus.

Empfohlenes Trainingsgewicht: Beginner 10–15 kg, Fortgeschrittene 15–25 kg

**Fliegende Bewegung
auf der Schrägbank**

Trainierte Muskulatur: Oberer Brustbereich
Die Schrägstellung der Rückenlehne bewirkt ein effektives Training im oberen Bereich der Brustmuskulatur.

Übungsbeschreibung: Sie liegen auf der Schrägbank und halten mit gestreckten Armen in jeder Hand eine Kurzhantel. Während des seitlichen Absenkens der Hanteln winkeln Sie die Ellenbogen leicht an. Senken Sie die Gewichte so weit wie möglich nach unten ab und ziehen Sie die Arme dabei leicht nach hinten, um die Brustmuskulatur zu dehnen. Ziehen Sie die Arme mit leicht angewinkelten Ellenbogen wieder nach oben. Im letzten Stück der Bewegung drücken Sie die Ellenbogen wieder ganz durch und spannen die Brustmuskeln an. Atmen Sie beim Hochziehen aus.

Empfohlenes Trainingsgewicht: Beginner 8–12 kg, Fortgeschrittene 15–25 kg

Liegestütz mit weitem Handabstand

Trainierte Muskulatur: Brust, Trizeps

Übungsbeschreibung: Sie befinden sich mit Körperspannung und gestreckten Armen in der Ausgangsposition für den Liegestütz. Die Hände stehen etwas weiter als schulterbreit auseinander, die Fingerspitzen zeigen geradeaus. Senken Sie den Körper so weit nach unten ab, dass der Brustbereich kurz Kontakt mit dem Boden hat. Drücken Sie sich wieder in die Ausgangsposition zurück. Halten Sie den Körper während der Bewegung stets gerade. Atmen Sie beim Hochdrücken aus.

Empfohlene Wiederholungen: Beginner 6–10, Fortgeschrittene 15–25

Rücken

SZ-Hantel-Rudern vorgebeugt im Untergriff

Empfohlenes Trainingsgewicht: Beginner 25–35 kg, Fortgeschrittene 50–70 kg

Trainierte Muskulatur: Rücken, hintere Schultern, Bizeps
Diese Übung baut ebenso wie das Langhantel-Rudern vorgebeugt (s. S. 34) kompakte, massive Rückenmuskeln auf. Durch den engen Untergriff wird insbesondere der untere Bereich des breiten Rückenmuskels belastet. Achten Sie bei dieser Übung sehr genau auf eine korrekte Ausführung, um Verletzungen im unteren Rückenbereich zu vermeiden.

Übungsbeschreibung: Sie stehen mit engem Fußabstand und vorgebeugtem Oberkörper und fassen die SZ-Hantel im engen Untergriff. Bei der gesamten Übungsausführung sind die Knie leicht gebeugt, das Körpergewicht ist auf die Fersen verlagert. Ziehen Sie die Hantel nach oben, bis sie kurz den oberen Bauchbereich berührt. Bewegen Sie die Ellenbogen möglichst dicht am Körper weit nach oben. Vermeiden Sie ein Schwingen des Oberkörpers während der Zugbewegung. Blicken Sie immer gerade nach vorne, nie nach unten. Senken Sie die Arme wieder bis zur vollen Streckung nach unten ab. Atmen Sie beim Hochziehen aus.

Hyperextension auf dem Boden

Trainierte Muskulatur: Unterer Rücken, Gesäß, hinterer Oberschenkel
Diese Bodenübung kräftigt die gesamte untere Rückenpartie.

Übungsbeschreibung: Legen Sie sich bäuchlings auf den Boden und strecken Sie den Körper ganz aus. Heben Sie gleichzeitig die Arme und die Füße vom Boden ab. Dabei halten Sie immer Körperspannung, um ein Hohlkreuz zu vermeiden. Senken Sie Arme und Füße wieder in die Ausgangsposition. Atmen Sie beim Anheben aus.

Empfohlene Wiederholungszahlen: Beginner: 6–10, Fortgeschrittene 10–15.

Kurzhantel-Rudern vorgebeugt

Trainierte Muskulatur: Rücken, hintere Schultern, Bizeps
Beim Kurzhantel-Rudern können die Ellenbogen am Körper vorbei sehr weit seitlich nach oben geführt werden.

Übungsbeschreibung: Sie stehen mit engem Fußabstand und vorgebeugtem Oberkörper und halten in jeder Hand eine Kurzhantel. Ziehen Sie die Gewichte so weit wie möglich nach oben. Während der Zugbewegung halten Sie den Rücken stets gerade. Holen Sie keinen Schwung aus dem Oberkörper – hierbei besteht Verletzungsgefahr für den unteren Rücken! Bewegen Sie die Ellenbogen möglichst dicht seitlich am Körper und ziehen Sie die Schulterblätter zusammen. Verlagern Sie Ihr Körpergewicht auf die Fersen und blicken Sie immer gerade nach vorne, nicht nach unten. Senken Sie die Arme wieder bis zur vollen Streckung ab. Atmen Sie beim Hochziehen aus.

Empfohlenes Trainingsgewicht: Beginner 10–15 kg, Fortgeschrittene 25–30 kg

Langhantel-Rudern vorgebeugt

Trainierte Muskulatur: Rücken, hintere Schultern, Bizeps
Langhantel-Rudern vorgebeugt ist eine Grundübung für den Aufbau von massiver, kompakter Rückenmuskulatur. Um Verletzungen im unteren Rücken zu vermeiden, achten Sie sehr genau auf eine technisch saubere Ausführung!

Übungsbeschreibung: Sie stehen mit engem Fußabstand und vorgebeugtem Oberkörper und greifen die Langhantel mit etwas weiter als schulterbreitem Griff. Halten Sie während der gesamten Bewegung die Knie leicht angewinkelt. Ziehen Sie das Gewicht nach oben, bis die Langhantel kurz den Bereich Ihrer oberen Bauchmuskeln berührt. Beim Hochziehen des Gewichts ziehen Sie die Ellenbogen weit nach hinten und drücken in der Endposition die Schulterblätter zusammen. Vermeiden Sie unbedingt ein Schwingen im Rücken! Blicken Sie immer nach vorne, nie nach unten. Verlagern Sie Ihr Körpergewicht auf die Fersen. Senken Sie die Arme wieder bis zur vollen Streckung ab. Atmen Sie beim Hochziehen des Gewichts aus.

Empfohlenes Trainingsgewicht: Beginner 25–35 kg, Fortgeschrittene 50–70 kg

Rudern vorgebeugt mit einer Kurzhantel

Trainierte Muskulatur: Rücken, Bizeps

Hier können Sie die Rückenmuskeln intensiv belasten, während durch die abgestützte Position die Verletzungsgefahr im unteren Rückenbereich minimal ist. Sie können jede Körperseite isoliert trainieren. Wenn Sie mit sehr schweren Gewichten arbeiten, können Sie Handgelenkschlaufen («Straps») verwenden, die in Fachgeschäften erhältlich sind.

Übungsbeschreibung: Stützen Sie sich mit der freien Hand am Ende einer Trainingsbank ab und greifen Sie mit der anderen Hand eine Kurzhantel. Ihr Oberkörper ist dabei vorgebeugt und das Knie der «ruhenden» Körperseite auf der Bank abgestützt. Ziehen Sie die Hantel aus der Position mit gestrecktem Arm seitlich dicht am Körper so weit wie möglich nach oben. Schwingen Sie dabei nicht im Oberkörper, halten Sie ihn stets gerade und in Körperspannung. Um den Dehneffekt im unteren Bereich des großen Rückenmuskels noch zu intensivieren, können Sie die Kurzhantel beim Herunterlassen etwas weiter vor den Körper bringen. Atmen Sie beim Hochziehen aus.

Empfohlenes Trainingsgewicht: Beginner 15–20 kg, Fortgeschrittene 30–40 kg

Schulterheben mit der Langhantel

Trainierte Muskulatur: Trapezius, Nacken

Sollte bei dieser Übung Ihre Griffkraft vor Auslastung der Nackenmuskulatur nachgeben, ist die Verwendung von Handgelenksschlaufen («Straps») empfehlenswert, die im Fachhandel erhältlich sind.

Übungsbeschreibung: Sie stehen aufrecht mit engem Fußabstand, die Langhantel befindet sich bei gestreckten Armen und etwa schulterbreitem Griff vor Ihrem Körper. Betrachten Sie Ihre Arme als Hebel, die die Bewegung der Hantel nach oben ermöglichen. Ziehen Sie das Gewicht so weit wie möglich in Richtung Ohrläppchen nach oben. Lassen Sie die Arme dabei stets gestreckt. Senken Sie das Gewicht wieder in die Ausgangsposition ab. Schwingen Sie während der gesamten Übungsausführung nicht im Rücken. Atmen Sie beim Hochziehen aus.

Empfohlenes Trainingsgewicht: Beginner 35–45 kg, Fortgeschrittene 60–90 kg

Schulterheben mit Kurzhanteln

Trainierte Muskulatur: Nacken, Trapezius

Übungsbeschreibung: Sie stehen aufrecht und halten mit gestreckten Armen in jeder Hand ein Kurzhantel. Ihre Arme sind die Hebel zur Bewegungsausführung und bleiben während des Satzes immer gestreckt. Heben Sie die Gewichte möglichst weit in Richtung Ohren, ohne die Ellenbogen zu beugen. Senken Sie die Hanteln wieder in die Ausgangsposition ab. Atmen Sie beim Hochziehen aus.

Empfohlenes Trainingsgewicht: Beginner 12,5–17,5 kg, Fortgeschrittene 25–35 kg

Überzüge mit einer Kurzhantel

Trainierte Muskulatur: Rücken, Brust, Sägezahnmuskeln

Übungsbeschreibung: Sie liegen auf einer Trainingsbank. Der Kopf liegt kurz über dem Bankende, die Halswirbelsäule ist abgestützt. Sie halten mit gekreuzten Händen und flach gegen das Gewicht gedrückten Handflächen eine Kurzhantel mit gestreckten Armen über dem Kopf. Senken Sie das Gewicht mit leicht angewinkelten Ellenbogen so weit wie möglich nach hinten ab und spüren Sie der Dehnung im Oberkörper nach. Der Körper bleibt dabei ruhig, nur die Arme sind in Bewegung. Ziehen Sie die Hantel vom tiefsten Punkt der Bewegung wieder nach oben in die Ausgangsposition. Atmen Sie beim Hochziehen aus.

Empfohlenes Trainingsgewicht: Beginner 10–15 kg, Fortgeschrittene 25–35 kg

Überzüge mit der Langhantel

Trainierte Muskulatur: Rücken, Brust, Sägezahnmuskeln

Übungsbeschreibung: Sie liegen mit dem Körper auf einer Trainingsbank. Der Kopf ist über dem Bankende abgestützt. Lassen Sie während der gesamten Übungsausführung das Gesäß stets unten. Halten Sie die Langhantel mit engem Handabstand und gestreckten Armen über Ihrem Körper. Senken Sie das Gewicht bis zum tiefsten Punkt nach hinten ab. Ziehen Sie die Hantel aus dem tiefsten Punkt der Bewegung wieder bis in die Position der über den Körper gestreckten Arme. Atmen Sie beim Hochziehen aus.

Empfohlenes Trainingsgewicht: Beginner 10–15 kg, Fortgeschrittene 25–35 kg

Schultern

Nackendrücken

Trainierte Muskulatur: Schulter, Trizeps

Das Nackendrücken mit der Langhantel ist eine Grundübung für den Aufbau von kompakten, starken Schultermuskeln. Auch die Trizepsmuskeln erfahren durch die Druckbewegung einen Trainingsreiz.

Übungsbeschreibung: Sie sitzen auf einer Trainingsbank und halten die Langhantel mit gestreckten Armen über dem Kopf. Senken Sie die Hantel kontrolliert bis tief in den Nacken ab. Ziehen Sie die Ellenbogen beim Absenken leicht nach hinten, um die Schultermuskulatur zu dehnen. Drücken Sie die Hantel mit geradem Rücken, nach vorne gerichtetem Blick und ohne ein Schwingen im Oberkörper wieder bis zur vollen Armstreckung nach oben.

Wenn Sie bereits über eine gut entwickelte Rückenmuskulatur verfügen, ist das Nackendrücken ohne Rückenlehne einen Versuch wert. Um den Rücken während der Bewegung abzustützen, empfiehlt sich eine steil eingestellte Rückenlehne. Atmen Sie beim Hochdrücken aus.

Empfohlenes Trainingsgewicht: Beginner 20–30 kg, Fortgeschrittene 40–60 kg

Seitheben sitzend

Trainierte Muskulatur: seitliche Schultern

Das Seitheben sitzend trainiert isoliert den seitlichen Kopf der Schultermuskulatur. Das Sitzen ermöglicht eine besonders saubere Ausführung ohne ein Schwingen im Oberkörper.

Übungsbeschreibung: Sie sitzen am Ende einer Trainingsbank und halten mit gestreckten Armen in jeder Hand eine Kurzhantel. Sobald Sie die Arme anheben, winkeln Sie die Ellenbogen leicht an. Heben Sie die Hanteln bis etwa auf Schulterhöhe seitlich nach oben. In dieser Position sollten Ihre kleinen Finger höher als der Daumen sein, so, als würden Sie ein Glas Wasser ausgießen. Dadurch werden auch die hinteren Schultermuskeln trainiert. Achtung: Ein Anheben der Hanteln über die Schulterhöhe hinaus verlagert die Belastung verstärkt auf den Nackenbereich und ist nicht empfehlenswert. Halten Sie den Oberkörper gerade und die Ellenbogen während der Bewegung immer leicht angewinkelt. Senken Sie die Hanteln wieder nach unten ab. Atmen Sie beim Anheben aus.

Empfohlenes Trainingsgewicht: Beginner 5–10 kg, Fortgeschrittene 12,5–17,5 kg

Seitheben stehend

Trainierte Muskulatur: seitliche Schultern

Hiermit können Sie den seitlichen Schultermuskel gezielt und isoliert trainieren. Im Vergleich mit Seitheben sitzend (s. S. 42) erfordert das Seitheben stehend mehr Körperkontrolle, um das Schwingen des Oberkörpers zu vermeiden.

Übungsbeschreibung: Sie stehen aufrecht mit leicht nach vorne gebeugtem Oberkörper und halten Sie in jeder Hand eine Kurzhantel. Die Ellenbogen sind etwas angewinkelt. Heben Sie die Gewichte nach oben, bis sie sich etwa auf Schulterhöhe befinden. Vermeiden Sie ein Schwingen des Oberkörpers. Halten Sie während der Bewegung die Ellenbogen stets leicht angewinkelt und drehen Sie die Hände auf Schulterhöhe so, dass sich der kleine Finger höher als der Daumen befindet. Diese Drehung der Hände ähnelt dem Ausgießen einer Tasse Wasser und bewirkt die Belastung des hinteren Bereichs der Schultermuskulatur. Senken Sie die Gewichte wieder in die Ausgangsposition ab. Atmen Sie beim Anheben aus.

Empfohlenes Trainingsgewicht: Beginner 5–7,5 kg, Fortgeschrittene 10–15 kg

Seitheben vorgebeugt auf der Schrägbank

Trainierte Muskulatur: hintere Schultern, Nacken

Beim Seitheben vorgebeugt auf der Schrägbank ist die Verletzungsgefahr für den unteren Rücken aufgrund der gestützten Position des Oberkörpers sehr gering.

Übungsbeschreibung: Sie liegen mit aufgestütztem Oberkörper auf der Schrägbank und greifen mit beiden Händen die vor Ihnen liegenden Kurzhanteln. Heben Sie die Gewichte seitlich so weit wie möglich nach oben. Winkeln Sie dabei die Ellenbogen leicht an. Wenn Sie die Arme weit nach hinten ziehen, können Sie zwar schwerere Gewichte verwenden, verlagern aber einen Großteil der Belastung von den hinteren Schultermuskeln auf den Trapezius. Senken Sie die Hanteln wieder bis in die Ausgangsposition ab. Atmen Sie beim Hochziehen aus.

Empfohlenes Trainingsgewicht: Beginner 5–10 kg, Fortgeschrittene 15–25 kg

Seitheben vorgebeugt stehend

Trainierte Muskulatur: hintere Schultern, Nacken

Das Seitheben vorgebeugt empfiehlt sich in erster Linie für Fortgeschrittene, die über eine gute Körperkontrolle und starke Rückenmuskeln verfügen. Beginner sollten zunächst das Seitheben vorgebeugt auf der Schrägbank trainieren (s. S. 44).

Übungsbeschreibung: Sie stehen mit engem Fußabstand, leicht gebeugten Knien und vorgebeugtem Oberkörper und halten in jeder Hand eine Kurzhantel. Die Ellenbogen sind leicht angewinkelt. Heben Sie die Gewichte so weit wie möglich seitlich nach oben an. Halten Sie dabei Körperspannung – vermeiden Sie ein Schwingen im Oberkörper oder einen Rundrücken. Nur Ihre Arme bewegen sich während der Übungsausführung. Je mehr Sie die Ellenbogen anwinkeln, desto mehr Gewicht können Sie verwenden. Es empfiehlt sich allerdings, die Ellenbogen nur leicht anzuwinkeln und weniger Gewicht zu nehmen, um die hinteren Schultermuskeln gezielt zu belasten. Bei sehr stark gebeugten Ellenbogen werden die Rückenmuskeln stärker in die Bewegung einbezogen. Senken Sie die Gewichte wieder in die Ausgangsposition ab. Atmen Sie beim Anheben aus.

Empfohlenes Trainingsgewicht: Beginner 5–7,5 kg, Fortgeschrittene 10–17,5 kg

Seitheben einarmig stehend

Trainierte Muskulatur: seitliche Schultern
Das stehende einarmige Seitheben ermöglicht das gezielte und isolierte Training der seitlichen Schultermuskulatur auf jeder Körperseite.

Übungsbeschreibung: Sie stehen aufrecht und halten in einer Hand eine Kurzhantel. Mit der anderen Hand halten Sie sich z. B. an der Rückenlehne einer Trainingsbank fest. Heben Sie die Kurzhantel mit leicht angewinkeltem Ellenbogen seitlich so weit nach oben, dass sich das Gewicht etwas über der Schulterhöhe befindet. Schwingen Sie nicht im Oberkörper. Wiederholen Sie die Bewegung mit dem anderen Arm. Atmen Sie beim Anheben aus.

Empfohlenes Trainingsgewicht: Beginner 5–7,5 kg, Fortgeschrittene 10–17,5 kg

Seitheben einarmig auf der Schrägbank

Trainierte Muskulatur: seitliche Schultern

Das einarmige Seitheben auf der Schrägbank ermöglicht das gezielte und isolierte Training der seitlichen Schultermuskulatur auf jeder Körperseite.

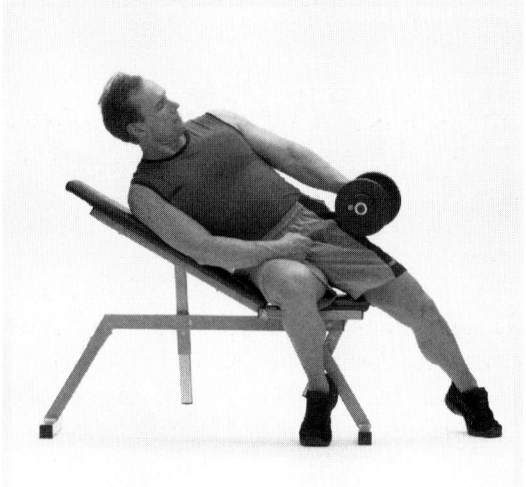

Übungsbeschreibung: Sie liegen seitlich mit leicht angewinkelten Knien und seitlich abgestütztem Oberkörper auf einer Trainingsbank. Halten Sie eine Kurzhantel mit etwas angewinkelten Ellenbogen vor Ihren Oberschenkeln. Heben Sie das Gewicht seitlich so weit nach oben, bis sich der Oberarm senkrecht zum Boden befindet. Vermeiden Sie ein Schwingen im Oberkörper. Legen Sie während der Bewegung den Kopf nicht auf der Bank ab. Atmen Sie beim Anheben aus.

Empfohlenes Trainingsgewicht: Beginner 5–7,5 kg, Fortgeschrittene 10–15 kg

Kurzhantel-Drücken sitzend

Trainierte Muskulatur: vordere und seitliche Schultern, Trizeps
Durch die Verwendung von Kurzhanteln kann das Gewicht bei dieser Übung seitlich am Oberkörper besonders tief abgesenkt werden.

Übungsbeschreibung: Sie sitzen auf einer Trainingsbank und halten in jeder Hand eine Kurzhantel auf Schulterhöhe. Drücken Sie die Gewichte nach oben, bis die Arme voll gestreckt sind. Halten Sie Körperspannung – vermeiden Sie beim Hochdrücken die Bildung eines Rundrückens ebenso wie ein übermäßiges Hohlkreuz. Es empfiehlt sich das Training auf einer Bank mit Rückenlehne, damit der Rücken während der gesamten Bewegung gut abgestützt ist. Nur wenn Sie bereits über eine sehr gut entwickelte Rückenmuskulatur verfügen, ist das Kurzhantel-Drücken ohne Rückenlehne einen Versuch wert. Atmen Sie beim Hochdrücken aus.

Empfohlenes Trainingsgewicht: Beginner 10–15 kg, Fortgeschrittene 20–30 kg

Langhantel-Rudern stehend

Trainierte Muskulatur: Schultern, Nacken, Bizeps
Dies ist eine Grundübung für die Schulter- und Nackenmuskulatur.

Übungsbeschreibung: Sie stehen aufrecht und halten mit engem Handabstand und gestreckten Armen eine Langhantel vor Ihrem Körper. Ziehen Sie das Gewicht nach oben, bis die Hantelstange Kontakt mit Ihrem Kinn bekommt. Ziehen Sie dabei die Ellenbogen möglichst weit nach oben. Schwingen Sie beim Hochziehen nicht im Oberkörper. Senken Sie die Hantel wieder bis zur vollen Streckung der Arme ab. Atmen Sie beim Hochziehen aus.

Empfohlenes Trainingsgewicht: Beginner 20–30 kg, Fortgeschrittene 35–50 kg

Frontheben mit der Langhantel

Trainierte Muskulatur: vordere Schultern

Übungsbeschreibung: Sie stehen aufrecht mit engem Fußabstand und halten im engen Griff eine Langhantel vor Ihren Oberschenkeln. Heben Sie das Gewicht mit leicht angewinkelten Ellenbogen so weit nach oben, dass sich die Hantelstange etwa auf Augenhöhe befindet. Schwingen Sie nicht im Oberkörper. Atmen Sie beim Anheben aus.

Empfohlenes Trainingsgewicht: Beginner 15–20 kg, Fortgeschrittene 25–30 kg

Frontheben mit Kurzhanteln

Trainierte Muskulatur: vordere Schultern

Das stehende Frontheben mit Kurzhanteln ermöglicht das gezielte Training der vorderen Schultermuskulatur auf jeder Körperseite.

Übungsbeschreibung: Sie stehen aufrecht und halten in jeder Hand mit leicht angewinkelten Ellenbogen eine Kurzhantel vor Ihren Oberschenkeln. Heben Sie eine Hantel bis etwa auf Augenhöhe nach oben. Schwingen Sie dabei nicht im Oberkörper. Senken Sie das Gewicht wieder bis vor Ihre Oberschenkel ab und wiederholen Sie die Bewegung dann mit dem anderen Arm. Atmen Sie beim Anheben aus.

Empfohlenes Trainingsgewicht: Beginner 5–7,5 kg, Fortgeschrittene 10–15 kg

Bizeps

Langhantel-Curl

Trainierte Muskulatur: Bizeps
Dies ist eine Grundübung für den Aufbau der Bizepsmuskulatur.

Übungsbeschreibung: Sie stehen aufrecht mit engem Fußabstand, leicht gebeugten Knien und einer etwa schulterbreit vor den Oberschenkeln gefassten Langhantel. Beugen Sie die Arme aus der vollen Streckung nach oben, bis sich die Hantelstange auf Höhe Ihres Halses befindet. Spannen Sie die Bizepse in dieser Position stark an. Schwingen Sie nicht im Oberkörper, halten Sie die Handgelenke gerade und die Ellenbogen während der Bewegung dicht am Körper. Mit einem engen Griff trainieren Sie verstärkt den äußeren Bereich, ein mehr als schulterbreiter Griff belastet vor allem den inneren Bereich der Bizepsmuskulatur. Senken Sie das Gewicht bis zur vollen Streckung der Arme ab. Atmen Sie beim Anheben aus.

Empfohlenes Trainingsgewicht: Beginner 20–25 kg, Fortgeschrittene 35–50 kg

Kurzhantel-Curl einarmig sitzend

Trainierte Muskulatur: Bizeps
Diese Übung ermöglicht es, jeden Arm isoliert zu trainieren.

Übungsbeschreibung: Sie sitzen auf dem Ende einer Trainingsbank und halten mit gestreckten Armen in jeder Hand eine Kurzhantel. Halten Sie die Gewichte so, dass die Handflächen leicht nach außen zeigen. Beugen Sie einen Arm an, bis sich die Kurzhantel etwa auf Schulterhöhe befindet. Senken Sie das Gewicht wieder langsam und kontrolliert bis zur vollen Streckung des Armes ab. Beginnen Sie mit der ersten Wiederholung für den zweiten Arm, sobald der erste wieder ganz gestreckt ist. Ein Schwingen des Oberkörpers vermeiden Sie, indem Sie die Rückenlehne der Bank sehr steil einstellen, sodass Ihr Oberkörper abgestützt ist. Die Kraft soll möglichst isoliert aus den Armen kommen. Trainieren Sie bei dieser Übung daher nicht mit sehr schweren Gewichten, damit die Schultermuskulatur nicht in die Bewegung eingreift. Atmen Sie beim Anbeugen aus.

Empfohlenes Trainingsgewicht: Beginner 7,5–12,5 kg, Fortgeschrittene 15–25 kg

Kurzhantel-Curl beidarmig sitzend

Trainierte Muskulatur: Bizeps

Übungsbeschreibung: Sie sitzen auf dem Ende einer Trainingsbank und halten in jeder Hand eine Kurzhantel mit voll gestreckten Armen und leicht nach außen zeigenden Handflächen. Beugen Sie beide Arme nach oben an, bis sich die Gewichte etwa auf Schulterhöhe befinden. Schwingen Sie nicht im Oberkörper, halten Sie die Ellenbogen möglichst dicht seitlich am Körper und die Handgelenke gerade. Senken Sie die Gewichte wieder bis zur vollen Streckung der Arme nach unten ab. Atmen Sie beim Anbeugen aus.

Empfohlenes Trainingsgewicht: Beginner 5–10 kg, Fortgeschrittene 12,5–17,5 kg

SZ-Hantel-Curl

Trainierte Muskulatur: Bizeps
Der Langhantel-Curl stehend ist eine Grundübung für den Aufbau von massiven, kompakten Oberarmen. Die Ausführung mit der gebogenen SZ-Hantel ist eine Variation des stehenden Langhantel-Curls und reduziert durch die Handhaltung etwas die Belastung der Handgelenke. Ob Sie eine SZ- oder eine gerade Stange benutzen, sollten Sie von Ihrem individuellen Gefühl während der Bewegungsausführung abhängig machen.

Übungsbeschreibung: Sie stehen aufrecht mit engem Fußabstand und halten eine SZ-Hantel mit schulterbreitem Griff und voll gestreckten Armen in den Händen. Beugen Sie die Arme durch den kraftvollen Einsatz Ihrer Bizepsmuskulatur nach oben an, bis sich die Hantelstange etwa auf Höhe Ihres Halses befindet. Spannen Sie nun die Bizepse stark an und achten Sie darauf, die Handgelenke gerade zu halten. Vermeiden Sie ein Schwingen mit dem Oberkörper. Durch eine Veränderung der Griffweite besteht die Möglichkeit, verschiedene Bereiche der Bizepsmuskulatur intensiver zu belasten – durch einen breiten Griff wird z. B. die innere Bizepsmuskulatur stärker beansprucht. Atmen Sie beim Anbeugen aus.

Empfohlenes Trainingsgewicht: Beginner 20–25 kg, Fortgeschrittene 35–50 kg

Konzentrations-Curl sitzend

Trainierte Muskulatur: Bizeps
Wie es der Name dieser Übung andeutet, ist die volle Konzentration auf den Bizeps bei dieser einarmigen Curlbewegung sehr wichtig. Das gilt zwar grundsätzlich für jede Übung, doch gerade durch diese Übung stellt sich ein intensives Muskelgefühl ein, wenn man mit den Gedanken ganz in der Bewegung ist.

Übungsbeschreibung: Sie sitzen mit vorgebeugtem Oberkörper auf dem Ende einer Trainingsbank und halten in einer Hand mit voll gestrecktem Arm eine Kurzhantel. Der Ellenbogen hat leichten Kontakt mit der inneren Oberschenkelmuskulatur, die freie Hand ist auf dem Bein abgestützt. Bringen Sie das Gewicht nach oben, bis es sich etwa auf Brusthöhe befindet. Vermeiden Sie ein Schwingen mit dem Oberkörper – konzentrieren Sie sich während der Bewegung voll und ganz auf Ihre Bizepsmuskulatur. Spannen Sie den Bizeps in der angebeugten Position zusätzlich stark an. Senken Sie das Gewicht wieder bis zur vollen Streckung des Armes ab. Atmen Sie beim Anbeugen aus.

Empfohlenes Trainingsgewicht: Beginner 7,5–10 kg, Fortgeschrittene 15–20 kg

Scott-Curl mit der Kurzhantel

Trainierte Muskulatur: Bizeps
Scott-Curls trainieren insbesondere den unteren Bereich der Bizepsmuskulatur. Sie sind nach Larry Scott, dem ersten Mr. Olympia benannt, der für seine vollen Bizepse bekannt war.

Übungsbeschreibung: Sie stehen hinter einer Trainingsbank mit steil gestellter Rückenlehne, Ihre Achselhöhle befindet sich in Kontakt mit der Lehne. Die freie Hand befindet sich seitlich am Körper und hat Kontakt mit dem Bein oder der Rückenlehne. Halten Sie eine Kurzhantel etwa auf Höhe des Kinns und senken Sie das Gewicht bis zur vollen Streckung des Armes nach unten.

Beugen Sie die Hantel vom tiefsten Punkt der Bewegung nach oben an, bis sich das Gewicht wieder auf Kinnhöhe befindet. Reißen Sie das Gewicht nicht nach oben, sondern bewegen Sie es kontrolliert und gleichmäßig. Halten Sie das Handgelenk stets durchgedrückt, knicken Sie es nicht ab. Der Ellenbogen sollte während der Bewegungsausführung stets Kontakt mit der Rückenlehne behalten. Vermeiden Sie ein Nach-außen- oder Nach-innen-Drehen des Ellenbogens. Atmen Sie beim Anbeugen aus.

Empfohlenes Trainingsgewicht: Beginner 5–7,5 kg, Fortgeschrittene 12–17,5 kg

Scott-Curl mit der SZ-Hantel

Trainierte Muskulatur: Bizeps
Scott-Curls mit der SZ-Hantel trainieren insbesondere den unteren Ansatz des Bizeps.

Übungsbeschreibung: Sie stehen hinter einer Trainingsbank mit steil gestellter Rückenlehne, Ihr Brustkorb befindet sich am oberen Ende der Rückenlehne. Fassen Sie die SZ-Hantel mit engem Griff und senken Sie das Gewicht aus der Position mit gebeugten Armen bis zur vollen Streckung der Arme nach unten ab. Drücken Sie die Ellenbogen dabei dicht zusammen und halten Sie die Handgelenke gerade. Beugen Sie die Hantelstange, ohne am tiefsten Punkt zu reißen, wieder kontrolliert und gleichmäßig so weit nach oben an, bis diese sich wieder etwa auf Höhe Ihres Kinns befindet. Spannen Sie die Bizepse am höchsten Punkt der Bewegung stark an. Atmen Sie beim Anbeugen aus.

Empfohlenes Trainingsgewicht: Beginner 15–20 kg, Fortgeschrittene 30–40 kg

Schrägbank-Curl

Trainierte Muskulatur: Bizeps

Empfohlenes Trainingsgewicht: Beginner 5–10 kg, Fortgeschrittene 15–22,5 kg

Übungsbeschreibung: Sie sitzen auf einer Trainingsbank mit schräg gestellter Rückenlehne und halten mit voll gestreckten Armen in jeder Hand eine Kurzhantel. Die Handflächen zeigen leicht nach außen. Beugen Sie die Arme nach oben an, bis sich die Gewichte etwa auf Schulterhöhe befinden. Halten Sie die Ellenbogen dabei möglichst dicht am Körper und die Handgelenke gerade. Spannen Sie die Bizepse am höchsten Punkt stark an. Senken Sie die Hanteln wieder bis zur vollen Streckung der Arme nach unten ab. Atmen Sie beim Anbeugen aus.

Flachbank-Curl liegend

Trainierte Muskulatur: Bizeps
Flachbank-Curls liegend trainieren besonders den unteren Ansatz der Bizepsmuskulatur.

Übungsbeschreibung: Sie liegen mit dem Rücken und angewinkelten Beinen auf einer Flachbank und halten in jeder Hand mit gestreckten Armen und leicht nach außen gerichteten Handflächen eine Kurzhantel. Heben Sie den Kopf in Richtung Brustkorb und beugen Sie die Arme nach oben an, bis sich die Hanteln etwa auf Schulterhöhe befinden. Spannen Sie die Bizepse stark an. Halten Sie die Handgelenke stets gerade. Senken Sie die Arme wieder bis zur vollen Streckung nach unten ab. Falls Sie aufgrund einer zu niedrigen Bankhöhe die Arme nicht bis zur vollen Streckung absenken können, unterlagern Sie beide Enden der Trainingsbank mit Gewichtsscheiben. Atmen Sie beim Anbeugen aus.

Empfohlenes Trainingsgewicht: Beginner 5–7,5 kg, Fortgeschrittene 10–15 kg

Hammer-Curl

Trainierte Muskulatur: Bizeps, Unterarme

Übungsbeschreibung: Sie sitzen auf dem Ende einer Trainingbank und halten in beiden Händen mit voll gestreckten Armen eine Kurzhantel. Die Handflächen sind parallel zueinander gewandt. Beugen Sie einen Arm nach oben an, bis sich das Gewicht etwa auf Schulterhöhe befindet. Spannen Sie den Bizeps stark an. Halten Sie die Ellenbogen während der Bewegung möglichst dicht am Körper und die Handgelenke gerade. Schwingen Sie nicht im Oberkörper. Senken Sie das Gewicht wieder bis zur vollen Streckung des Armes nach unten ab und wiederholen Sie die Bewegung mit dem anderen Arm. Atmen Sie beim Anbeugen aus.

Empfohlenes Trainingsgewicht: Beginner 7,5–10 kg, Fortgeschrittene 15–22,5 kg

Trizeps

Engbankdrücken

Trainierte Muskulatur: Trizeps, Brust

Übungsbeschreibung: Sie liegen auf der Flachbank und greifen die Langhantel etwas enger als schulterbreit. Drücken Sie das Gewicht bis zur vollen Streckung der Arme nach oben. Beim Absenken der Langhantel ziehen Sie die Ellenbogen seitlich dicht am Körper entlang und senken das Gewicht so weit nach unten ab, dass die Hantelstange kurz Kontakt mit dem unteren Brustansatz bekommt. Aus dieser Position drücken Sie die Hantel, ohne sie vom Brustkorb abfedern zu lassen, wieder bis zur vollen Streckung der Arme nach oben. Vermeiden Sie, das Gesäß während der Bewegung von der Bank abzuheben. Wenn Sie zu einer starken Hohlkreuzbildung neigen, heben Sie die Oberschenkel an, kreuzen Sie die Füße und ziehen Sie die Beine in Richtung Brustkorb. Atmen Sie beim Hochdrücken aus.

Empfohlenes Trainingsgewicht: Beginner 20–30 kg, Fortgeschrittene 50–80 kg

Dips zwischen zwei Bänken

Trainierte Muskulatur: Trizeps, Brust, vordere Schulter

Dips sind eine Grundübung für den Aufbau der Trizepsmuskulatur, zudem trainieren sie sehr effektiv die Brust- und Schultermuskulatur.

Übungsbeschreibung: Ihr Körper befindet sich im vollen Stütz mit aufrechtem Oberkörper und auf einer Bank oder einem Stuhl abgestützten Füßen zwischen zwei Bänken o. Ä. Senken Sie den Körper bis zum tiefsten Punkt ab und drücken Sie sich dann wieder bis zur vollen Streckung der Arme nach oben. Um in erster Linie die Trizepse zu trainieren, achten Sie darauf, dass Sie den Oberkörper möglichst gerade und die Hände eng zusammenhalten und die Ellenbogen seitlich dicht am Körper positionieren. Bei vorgebeugtem Oberkörper und seitlich abgewinkelten Ellenbogen wird ein Großteil der Belastung auf den unteren Bereich der Brustmuskulatur verlagert. Atmen Sie beim Hochdrücken aus.

Empfohlene Wiederholungen: Beginner 8–10 Fortgeschrittene 15–25

French-Press mit der SZ-Hantel auf der Schrägbank

Trainierte Muskulatur: Trizeps

Übungsbeschreibung: Sie liegen mit dem Rücken auf einer um 45 Grad geneigten Schrägbank und halten eine SZ-Hantel mit engem Griff und gestreckten Armen über Ihrem Kopf. Senken Sie die Hantel bis zum tiefsten Punkt hinter Ihren Kopf ab. Drücken Sie das Gewicht wieder bis zur vollen Streckung der Arme nach oben. Halten Sie die Ellenbogen während der Bewegungsausführung stets seitlich dicht am Kopf. Atmen Sie beim Hochdrücken aus.

Empfohlenes Trainingsgewicht: Beginner 20–25 kg, Fortgeschrittene 35–50 kg

French-Press mit der Langhantel sitzend

Trainierte Muskulatur: Trizeps

Übungsbeschreibung: Sie sitzen auf dem Ende einer Trainingsbank und halten eine Langhantel mit engem Griff und gestreckten Armen über dem Kopf. Senken Sie die Hantel bis zum tiefsten Punkt hinter den Kopf ab. Drücken Sie das Gewicht wieder bis zur vollen Streckung der Arme nach oben. Halten Sie während der Bewegung die Ellenbogen stets seitlich dicht am Kopf und schwingen Sie nicht im Oberkörper. Atmen Sie beim Hochdrücken aus.

Empfohlenes Trainingsgewicht: Beginner 15–20 kg, Fortgeschrittene 30–45 kg

**French-Press einarmig
mit der Kurzhantel sitzend**

Trainierte Muskulatur: Trizeps
Der French-Press sitzend mit der Kurzhantel ermöglicht das gezielte Training des Trizeps einer Körperseite.

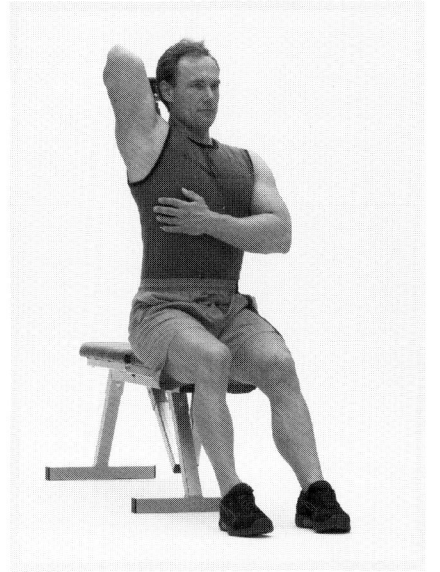

Übungsbeschreibung: Sie sitzen auf dem Ende einer Trainingsbank und halten eine Kurzhantel mit gestrecktem Arm über dem Kopf. Mit der freien Hand stützen Sie sich entweder auf der Bank ab, oder Sie umfassen Ihren Oberkörper. Senken Sie das Gewicht bis zum tiefsten Punkt hinter dem Kopf ab. Halten Sie den Ellenbogen möglichst unbeweglich nahe am Kopf. Erspüren Sie die intensive Dehnung im Trizeps und drücken Sie das Gewicht wieder bis zur vollen Streckung des Armes nach oben. Auch während der Druckbewegung halten Sie den Ellenbogen nahezu unbeweglich seitlich dicht am Kopf. Wenn Sie dazu neigen, den Oberarm seitlich abzuwinkeln, ist wahrscheinlich das Trainingsgewicht zu schwer. Atmen Sie beim Hochdrücken aus.

Empfohlenes Trainingsgewicht: Beginner 5–7,5 kg, Fortgeschrittene 12,5–17,5 kg

French-Press mit der Langhantel liegend

Trainierte Muskulatur: Trizeps

Übungsbeschreibung: Sie liegen rücklings auf einer Flachbank und halten eine Langhantel enger als schulterbreit mit gestreckten Armen etwa auf Augenhöhe über dem Kopf. Senken Sie das Gewicht nach unten ab, bis sich die Langhantelstange etwas unter der Stirnhöhe hinter Ihrem Kopf befindet. Drücken Sie das Gewicht wieder bis zur vollen Streckung der Arme nach oben. Halten Sie die Ellenbogen während der Bewegung stets seitlich dicht am Körper. Falls Sie zu einer starken Hohlkreuzbildung neigen, winkeln Sie die Oberschenkel an und schlagen Sie die Füße übereinander. Atmen Sie beim Hochdrücken aus.

Empfohlenes Trainingsgewicht: Beginner 20–25 kg, Fortgeschrittene 30–45 kg

Kickback

Trainierte Muskulatur: Trizeps
Der Kickback trainiert besonders den inneren Bereich der Trizepsmuskulatur.

Übungsbeschreibung: Sie stehen mit vorgebeugtem Oberkörper und halten in einer Hand mit nach oben gerichteten Ellenbogen eine Kurzhantel. Die freie Hand stützen Sie auf dem Oberschenkel ab. Drücken Sie das Gewicht bis zur vollen Streckung des Armes nach hinten und spannen Sie den Trizeps stark an. Halten Sie den Ellenbogen während der gesamten Bewegung möglichst dicht seitlich am Körper und nach oben gerichtet. Senken Sie das Gewicht wieder in die Ausgangsposition ab. Atmen Sie beim Hochdrücken aus.

Empfohlenes Trainingsgewicht: Beginner 5–7,5 kg, Fortgeschrittene 10–15 kg

Kurzhantel-Press beidarmig liegend

Trainierte Muskulatur: Trizeps

Übungsbeschreibung: Sie liegen mit dem Rücken auf einer Flachbank und halten in jeder Hand mit voll gestreckten Armen und zu einander gerichteten Handflächen eine Kurzhantel. Senken Sie die Gewichte nach unten ab, bis sich die Hanteln seitlich auf Höhe Ihres Kopfes befinden. Drücken Sie die Kurzhanteln wieder bis zur vollen Streckung der Arme nach oben. Halten Sie die Ellenbogen während der Bewegung stets seitlich dicht am Kopf. Wenn Sie zu einer starken Hohlkreuzbildung neigen, winkeln Sie die Beine an und schlagen die Füße übereinander. Atmen Sie beim Hochdrücken aus.

Empfohlenes Trainingsgewicht: Beginner 5–7,5 kg, Fortgeschrittene 12,5–17,5 kg

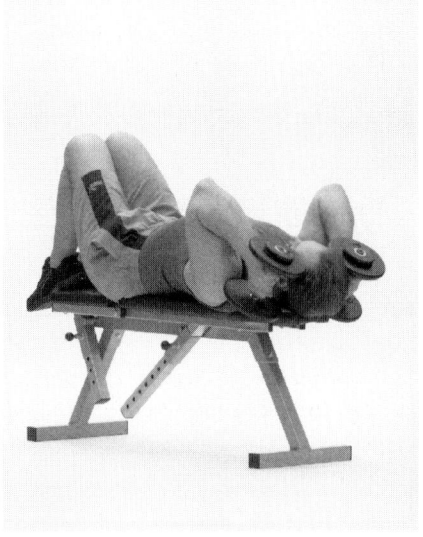

Kurzhantel-Press einarmig liegend

Trainierte Muskulatur: Trizeps
Einarmiges, liegendes Kurzhantel-Drücken ermöglicht das gezielte Training des Trizeps einer Körperseite zurzeit.

Übungsbeschreibung: Sie liegen mit dem Rücken auf einer Flachbank. Halten Sie eine Kurzhantel mit gestrecktem Arm über dem Kopf. Die freie Hand umfasst Ihren Brustkorb. Senken Sie die Hantel nach unten ab, bis das Gewicht Kontakt mit der gegenüber liegenden Schulter bekommt. Drücken Sie die Hantel wieder bis zur vollen Streckung des Armes nach oben. Halten Sie den Ellenbogen während der Bewegungsausführung möglichst ruhig und senkrecht nach oben gerichtet. Wenn Sie zu einer starken Hohlkreuzbildung neigen, winkeln Sie die Beine an und schlagen Sie die Füße übereinander. Atmen Sie beim Hochdrücken aus.

Empfohlenes Trainingsgewicht: Beginner 5–7,5 kg, Fortgeschrittene 12,5–17,5 kg

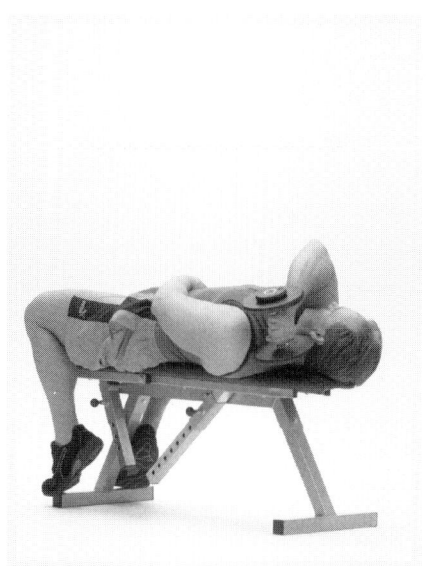

Unterarme

Reverse-Curl

Trainierte Muskulatur: Unterarme, Bizeps

Der Reverse-Curl ähnelt vom Bewegungsablauf dem Langhantel-Curl (s. S. 52). Durch den Obergriff wird hier aber verstärkt die Muskulatur der Unterarme trainiert, trotzdem profitieren auch die Bizepsmuskeln von dieser Übung.

Übungsbeschreibung: Sie stehen aufrecht mit engem Fußabstand und halten mit schulterbreitem Obergriff und gestreckten Armen eine Langhantel vor Ihren Oberschenkeln. Beugen Sie die Arme nach oben, bis sich die Langhantel etwa auf Höhe Ihres unteren Brustansatzes befindet. Halten Sie die Langhantel während der Bewegungsausführung stets seitlich dicht am Körper und schwingen Sie nicht im Oberkörper. Senken Sie das Gewicht wieder bis zur vollen Streckung der Arme nach unten ab. Atmen Sie beim Anbeugen aus.

Empfohlenes Trainingsgewicht: Beginner 12,5–17,5 kg, Fortgeschrittene 25–35 kg

Handgelenks-Curl beidarmig mit der Langhantel auf der Bank

Trainierte Muskulatur: Unterarme
Der Handgelenks-Curl eignet sich gut zum gezielten, isolierten Training der Unterarmmuskulatur.

Übungsbeschreibung: Sie knien vor einer Trainingsbank. Halten Sie eine Langhantel mit engem Griff so in den Händen, dass sich die Handgelenke über dem Bankende befinden und die Unterarme und Ellenbogen Kontakt mit der Trainingsbank haben. Senken Sie das Gewicht so weit wie möglich in Richtung Boden ab. Um den Bewegungsradius noch weiter zu erhöhen, können Sie die Hantelstange bis zu Ihren Fingerspitzen rollen lassen. Beugen Sie die Handgelenke wieder bis in die Ausgangsposition nach oben an. Atmen Sie beim Anbeugen aus.

Empfohlenes Trainingsgewicht: Beginner 20–25 kg, Fortgeschrittene 35–50 kg

Handgelenks-Curl reverse beidarmig mit der Langhantel sitzend

Trainierte Muskulatur: Unterarme
Dieser Handgelenks-Curl mit der Langhantel erlaubt eine gezielte Belastung der Unterarmmuskulatur bei minimiertem Einsatz der Bizepsmuskulatur.

Übungsbeschreibung: Sie sitzen auf dem Ende einer Trainingsbank und greifen eine Langhantel im etwa schulterbreiten Obergriff. Die Handgelenke befinden sich über den Knien, die Ellenbogen und Unterarme haben Kontakt mit den Oberschenkeln. Senken Sie die Handgelenke so weit wie möglich in Richtung Boden ab. Beugen Sie die Hände wieder bis in die Ausgangsposition nach oben an. Halten Sie den Rücken gerade. Atmen Sie beim Anbeugen aus.

Empfohlenes Trainingsgewicht: Beginner 15–20 kg, Fortgeschrittene 25–35 kg

Bauch

Beinheben liegend

Trainierte Muskulatur: unterer Bauch
Mit dem Beinheben können Sie die untere Bauchmuskulatur gezielt trainieren – also den Bauchbereich «erwischen», in dem sich üblicherweise das Fett besonders sammelt.

Übungsbeschreibung: Sie liegen auf dem Rücken – entweder auf einer Trainingsbank oder auf dem Boden. Um den unteren Rückenbereich zu entlasten, empfiehlt es sich, die Hände unter das Gesäß zu legen. Heben Sie den Kopf an, sodass Ihr Kinn Kontakt mit dem Brustkorb bekommt. Halten Sie den Kopf während der gesamten Übungsausführung in dieser Position. Die Beine sind nach vorne gerichtet, dabei sind die Knie leicht angewinkelt und die Fußspitzen gestreckt. Heben Sie die Beine so weit nach oben, bis sich die Füße etwa auf einer Linie mit Ihrem Gesicht befinden. Senken Sie die Beine dann wieder ab, aber nur so weit, dass die Füße keinen Kontakt mit dem Boden bekommen. Fortgeschrittene Athleten können die Übung dadurch intensivieren, dass sie eine Kurzhantel zwischen den Füßen halten. Atmen Sie beim Anheben aus.

Empfohlene Wiederholungen: 10–15 Fortgeschrittene 20–35

Beinanziehen sitzend

Trainierte Muskulatur: untere Bauchmuskulatur

Übungsbeschreibung: Sie sitzen mit leicht nach hinten gelehntem Oberkörper auf einer Trainingsbank. Strecken Sie die Beine nach vorne aus, ohne dass die Füße Kontakt mit dem Boden bekommen. Ziehen Sie die Oberschenkel so weit wie möglich in Richtung Brustkorb an. Schwingen Sie nicht im Oberkörper und halten Sie den Rücken gerade. Atmen Sie beim Anheben aus.

Empfohlene Wiederholungen: Beginner 10–15, Fortgeschrittene 20–30

Crunch

Trainierte Muskulatur: oberer und unterer Bauch

Übungsbeschreibung: Sie liegen mit übereinander geschlagenen Füßen, angewinkelten Oberschenkeln und zusammengehaltenen Knien auf einer Trainingsbank oder auf dem Boden. Ziehen Sie die Oberschenkel in Richtung Brustkorb und heben Sie gleichzeitig den Oberkörper an, bis Ihre Ellenbogen Kontakt mit den Beinen bekommen. Die eigentliche Crunch-Bewegung für das Training der oberen Bauchmuskulatur ist das Anheben des Oberkörpers, durch das Bewegen der Oberschenkel in Richtung Brustkorb wird zudem ein guter Trainingseffekt für die untere Bauchmuskulatur erreicht. Wenn Sie den Oberkörper während der Aufwärtsbewegung seitlich leicht drehen, wird die schräge Bauchmuskulatur verstärkt belastet. Aus der Position mit den Ellenbogen in Kontakt mit den Oberschenkeln senken Sie den Oberkörper wieder in die Ausgangsposition ab und bewegen die Beine etwas vom Körper weg. Atmen Sie beim Aufrichten aus.

Empfohlene Wiederholungen: Beginner 10–15, Fortgeschrittene 20–30

Waden

Wadenheben einbeinig mit der Kurzhantel stehend

Trainierte Muskulatur: Wade

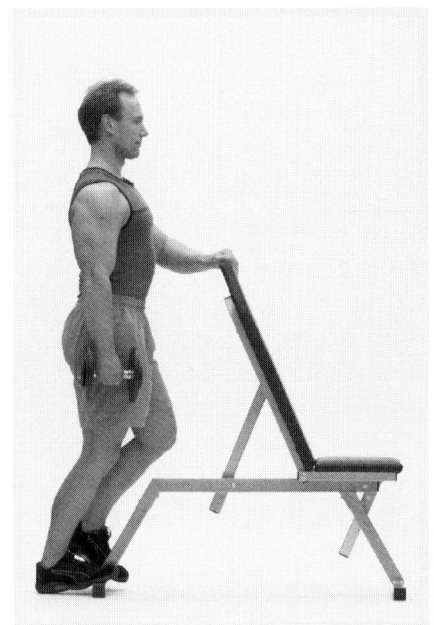

Übungsbeschreibung: Sie stehen mit einem Fuß aufrecht auf einer einige Zentimeter dicken Unterlage (z. B. ein Holzbrett). Nur die Fußspitzen haben Kontakt mit der Unterlage. Mit einer Hand halten Sie sich z. B. an einer steil eingestellten Rückenlehne einer Trainingsbank fest, in der anderen Hand halten Sie mit gestrecktem Arm eine Kurzhantel. Senken Sie den Fuß bis zum tiefsten Punkt ab, erspüren Sie dabei die Streckung in der Wadenmuskulatur. Erheben Sie sich vom tiefsten Punkt der Bewegung möglichst weit nach oben auf die Zehenspitzen. Wenn Sie die Fußspitzen während der Bewegung leicht nach außen richten, wird verstärkt die Innenseite der Wade belastet, nach innen gerichtete Zehen trainieren eher den äußeren Bereich. Atmen Sie beim Aufrichten aus.

Empfohlenes Trainingsgewicht: Beginner 10–15 kg, Fortgeschrittene 20–25 kg

Wadenheben sitzend

Trainierte Muskulatur: äußerer Wadenbereich
Das Wadenheben sitzend trainiert effektiv den äußeren Bereich der Wadenmuskulatur, ohne dabei die untere Rückenmuskulatur zu belasten.

Übungsbeschreibung: Sie sitzen mit geradeaus gerichteten Zehen und einer auf Ihren vorderen Oberschenkeln platzierten Langhantel so auf einer Trainingsbank, dass nur die Fußspitzen Kontakt mit einer einige Zentimeter dicken Fußunterlage haben (z. B. ein Holzbrett). Senken Sie die Fersen so weit wie möglich in Richtung Boden ab. Wenn Sie die Fußspitzen leicht nach außen richten, wird auch die innere Wadenmuskulatur gut trainiert. Drücken Sie die Fußspitzen wieder bis zum höchsten Punkt nach oben. Atmen Sie beim Hochdrücken aus.

Empfohlenes Trainingsgewicht: Beginner 30–40 kg, Fortgeschrittene 50–70 kg

Trainingsprogramme für das Bodybuilding-Hometraining

Ganzkörpertraining

Im Ganzkörpertraining belasten Sie in jeder Trainingseinheit den ganzen Körper mit einer Übung für jede Hauptmuskelgruppe. Machen Sie zwischen den Trainingseinheiten einen oder zwei Tage Pause.

Beispielhafter Trainingsrhythmus

Tag 1: Ganzkörpertraining
Tag 2: Pause
Tag 3: Ganzkörpertraining
Tag 4: Pause
Tag 5: Ganzkörpertraining
Tag 6: Pause
Tag 7: Pause

Muskelgruppe	Übung	Sätze	Wiederholungen
Oberschenkel	Frontkniebeuge (s. S. 19)	3	8–10
Brust	Bankdrücken mit der Langhantel (s. S. 24)	3	6–10
Rücken	Langhantel-Rudern vorgebeugt (s. S. 34)	3	8–10
Schultern	Nackendrücken (s. S. 41)	3	6–8
Bizeps	Langhantel-Curl (s. S. 52)	2	6–8
Trizeps	French-Press mit der SZ-Hantel auf der Schrägbank (s. S. 64)	2	6–8
Bauch	Crunch (s. S. 76)	2	25–35
Waden	Wadenheben einbeinig mit der Kurzhantel stehend (s. S. 77)	2	12–15

2-Tage-Split-Programm

Im 2-Tage-Split-Programm werden alle Muskelgruppen in einer Woche mit insgesamt zwei Trainingseinheiten trainiert. Zwischen den Trainingstagen pausieren Sie für zwei bis maximal drei Tage.

Beispielhafter Trainingsrhythmus

Tag 1: Beine/Brust/Trizeps/Waden
Tag 2: Pause
Tag 3: Pause
Tag 4: Rücken/Schulter/Bizeps/Bauch
Tag 5: Pause
Tag 6: Pause
Tag 7: Beine/Brust/Trizeps/Waden

Muskelgruppe	Übung	Sätze	Wiederholungen
Beine	Kreuzheben mit leicht angewinkelten Beinen (s. S. 20)	2–3	15
	Frontkniebeuge (s. S. 19)	3	8–10
Brust	Bankdrücken mit der Langhantel (s. S. 24)	3	6–8
	Fliegende Bewegung auf der Schrägbank (s. S. 29)	3	8–10
Trizeps	Dips zwischen zwei Bänken (s. S. 63)	2	maximal
	French-Press mit der Langhantel liegend (s. S. 67 ff.)	2	10–12
Rücken	Überzüge mit einer Kurzhantel (s. S. 39)	2	12–15
	Langhantel-Rudern vorgebeugt (s. S. 34)	3	6–8
	Rudern vorgebeugt mit einer Kurzhantel (s. S. 35)	2–3	10–12
Schultern	Nackendrücken (s. S. 41)	3	6–8
	Seitheben sitzend (s. S. 42)	3	10–12
Bizeps	Kurzhantel-Curl beidarmig sitzend (s. S. 54)	2–3	8–10
	Langhantel-Curl (s. S. 52)	2–3	6–8
Bauch	Beinheben liegend (s. S. 74)	2	25–35

3-Tage-Split-Programm

Im 3-Tage-Split-Programm trainieren Sie in einer Woche dreimal. Zwischen den Trainingseinheiten pausieren Sie für einen bis zwei Tage. Pro Trainingseinheit werden eine große und eine kleinere Muskelgruppe und dazu der Bauch oder die Waden belastet.

Beispielhafter Trainingsrhythmus

Tag 1: Brust / Trizeps / Waden
Tag 2: Pause
Tag 3: Beine / Bizeps / Bauch
Tag 4: Pause
Tag 5: Schulter / Rücken / Waden
Tag 6: Pause
Tag 7: Pause

Muskelgruppe	Übung	Sätze	Wiederholungen
Brust	Schrägbankdrücken mit der Langhantel (s. S. 26)	3	6 – 8
	Fliegende Bewegung auf der Flachbank (s. S. 28)	3	8 – 10
Trizeps	Engbankdrücken (s. S. 62)	3	6 – 8
	Dips zwischen zwei Bänken (s. S. 63)	3	maximal
	French-Press mit der SZ-Hantel auf der Schrägbank (s. S. 64)	2	8 – 10
Waden	Wadenheben sitzend (s. S. 78)	2	15 – 20
Beine	Ausfallschritt mit der Langhantel (s. S. 21)	3	10
	Frontkniebeuge (s. S. 19)	3	8 – 10
	Step-up mit Kurzhanteln (s. S. 23)	2	12 – 15

Muskelgruppe	Übung	Sätze	Wiederholungen
	Kreuzheben mit leicht angewinkelten Beinen (s. S. 20)	2	15
Bizeps	SZ-Hantel-Curl (s. S. 55)	3	6 – 8
	Konzentrations-Curl sitzend (s. S. 56)	2	12 – 15
Bauch	Crunch (s. S. 76)	2	20 – 30
	Beinheben liegend (s. S. 74)	2	20 – 30
Schultern	Kurzhantel-Drücken sitzend (s. S. 48)	3	8 – 10
	Langhantel-Rudern stehend (s. S. 49)	3	10 – 12
	Seitheben vorgebeugt auf der Schrägbank (s. S. 44)	3	12
Rücken	SZ-Hantel-Rudern vorgebeugt im Untergriff (s. S. 31)	3	8 – 10
	Kurzhantel-Rudern vorgebeugt (s. S. 33)	3	10 – 12
	Schulterheben mit der Langhantel (s. S. 37)	3	10
Waden	Wadenheben einbeinig mit der Kurzhantel stehend (s. S. 77)	2	12 – 15

4-Tage-Split-Programm

Im 4-Tage-Split-Programm trainieren Sie in einer Woche viermal. Sie trainieren an zwei auf einander folgenden Tagen, anschließend legen Sie einen oder zwei Tage Pause ein. Jede Muskelgruppe wird zweimal pro Woche gezielt belastet.

Beispielhafter Trainingsrhythmus

Tag 1: Brust / Rücken / Trizeps / Waden
Tag 2: Beine / Schulter / Bizeps / Bauch
Tag 3: Pause
Tag 4: Brust / Rücken / Trizeps / Waden
Tag 5: Beine / Schulter / Bizeps / Bauch
Tag 6: Pause
Tag 7: Pause

Muskelgruppe	Übung	Sätze	Wiederholungen
Brust	Bankdrücken mit der Langhantel (s. S. 24)	3	6 – 8
	Fliegende Bewegung auf der Schrägbank (s. S. 29)	3	10 – 12
	Liegestütz mit weitem Handabstand (s. S. 30)	2	maximal
Rücken	Rudern vorgebeugt mit einer Kurzhantel (s. S. 35)	3	8 – 10
	Überzüge mit einer Kurzhantel (s. S. 39)	3	12 – 15
Trizeps	Engbankdrücken (s. S. 62)	3	6 – 8
	French-Press einarmig mit der Kurzhantel sitzend (s. S. 66)	3	10 – 12
Waden	Wadenheben einbeinig mit der Kurzhantel stehend (s. S. 77)	2	12 – 15

Muskelgruppe	Übung	Sätze	Wieder-holungen
Beine	Kreuzheben mit leicht angewinkelten Beinen (s. S. 20)	2	15
	Ausfallschritt mit der Langhantel (s. S. 21)	3	10
Schultern	Nackendrücken (s. S. 41)	3	6 – 8
	Kurzhantel-Drücken sitzend (s. S. 48)	3	8
	Seitheben stehend (s. S. 43)	2	10 – 12
Bizeps	Konzentrations-Curl sitzend (s. S. 56)	2	12 – 15
	Langhantel-Curl (s. S. 52)	3	6 – 8
	Kurzhantel-Curl einarmig sitzend (s. S. 53)	2	8 – 10
Bauch	Beinheben liegend (s. S. 74)	2	20 – 30

5-Tage-Split-Programm

Im 5-Tage-Split-Programm trainieren Sie in einer Woche fünfmal. Sie trainieren drei Tage hinter einander, daran schließt sich ein Ruhetag an, dann folgen wieder zwei Trainingstage, an die sich wieder ein Ruhetag anschließt. Dieser Trainingsrhythmus eignet sich gut, um eine schwächer entwickelte Muskelgruppe dreimal wöchentlich zu trainieren, während gut entwickelte Muskelgruppen nur zweimal pro Woche belastet werden.

Beispielhafter Trainingsrhythmus (schwächer entwickelte Muskelgruppe: Bizeps)

Tag 1: Brust / Bizeps / Trizeps / Unterarme
Tag 2: Beine / Schulter / Bauch
Tag 3: Rücken / Bizeps / Waden
Tag 4: Pause
Tag 5: Beine / Brust / Trizeps / Bauch
Tag 6: Rücken / Schulter / Bizeps / Unterarme
Tag 7: Pause

Muskelgruppe	Übung	Sätze	Wiederholungen
Brust	Schrägbankdrücken mit Kurzhanteln (s. S. 27)	3	8 – 10
	Schrägbankdrücken mit der Langhantel (s. S. 26)	3	6 – 8
	Fliegende Bewegung auf der Flachbank (s. S. 28)	2	10 – 12
Bizeps	Flachbank-Curl liegend (s. S. 60)	2	12 – 15
	Langhantel-Curl (s. S. 52)	3	6 – 8
	Schrägbank-Curl (s. S. 59)	3	8 – 10
Trizeps	Engbankdrücken (s. S. 62)	2	6 – 8
	Kurzhantel-Press beidarmig liegend (s. S. 69)	2	10 – 12

Muskelgruppe	Übung	Sätze	Wiederholungen
Unterarme	Handgelenks-Curl beidarmig mit der Langhantel auf der Bank (s. S. 72)	2	12–15
Beine	Step-up mit Kurzhanteln (s. S. 23)	2	12–15
	Frontkniebeuge (s. S. 19)	3	8–10
	Kreuzheben mit leicht angewinkelten Beinen (s. S. 20)	3	15
Schultern	Nackendrücken (s. S. 41)	3	6–8
	Langhantel-Rudern stehend (s. S. 49)	3	10–12
	Kurzhantel-Drücken sitzend (s. S. 48)	3	8–10
Bauch	Crunch (s. S. 76)	2	20–30
	Beinheben liegend (s. S. 74)	2	20–30
Rücken	Schulterheben mit der Langhantel (s. S. 37)	2	10–12
	SZ-Hantel-Rudern vorgebeugt im Untergriff (s. S. 31)	3	8–10
	Rudern vorgebeugt mit einer Kurzhantel (s. S. 35)	3	10–12
	Hyperextension auf dem Boden (s. S. 32)	2	15–20
Waden	Wadenheben sitzend (s. S. 78)	2	12–15
	Wadenheben einbeinig mit der Kurzhantel stehend (s. S. 77)	2	15–20

6-Tage-Split-Programm

Im 6-Tage-Split-Programm trainieren Sie in einer Woche sechsmal. Sie trainieren an drei auf einander folgenden Tagen, daran schließt sich ein Ruhetag (ggf. zwei Ruhetage) an, dann folgen wieder drei Trainingstage. Pro Trainingseinheit werden eine große und eine kleinere Muskelgruppe und dazu der Bauch oder die Waden belastet.

Beispielhafter Trainingsrhythmus

Tag 1: Brust / Trizeps / Waden
Tag 2: Beine / Bizeps / Bauch
Tag 3: Rücken / Schulter / Waden
Tag 4: Pause
Tag 5: wie Tag 1
Tag 6: wie Tag 2
Tag 7: wie Tag 3

Muskelgruppe	Übung	Sätze	Wiederholungen
Brust	Schrägbankdrücken mit der Langhantel (s. S. 26)	3	6 – 8
	Fliegende Bewegung auf der Schrägbank (s. S. 29)	3	10 – 12
	Bankdrücken mit der Langhantel (s. S. 24)	3	6 – 8
	Fliegende Bewegung auf der Flachbank (s. S. 28)	3	10 – 12
Trizeps	French-Press mit der SZ-Hantel auf der Schrägbank (s. S. 64)	3	8 – 10
	French-Press einarmig mit der Kurzhantel sitzend (s. S. 66)	2	12 – 15
	Dips zwischen zwei Bänken (s. S. 63)	2	maximal

Muskelgruppe	Übung	Sätze	Wiederholungen
Waden	Wadenheben sitzend (s. S. 78)	3	12 – 15
	Wadenheben einbeinig mit der Kurzhantel stehend (s. S. 77)	2	12 – 15
Beine	Frontkniebeuge (s. S. 19)	3	10 – 12
	Ausfallschritt mit der Langhantel (s. S. 21)	3	10
	Kreuzheben mit leicht angewinkelten Beinen (s. S. 20)	3	15
Bizeps	Kurzhantel-Curl einarmig sitzend (s. S. 53)	3	6 – 8
	Scott-Curl mit der SZ-Hantel (s. S. 58)	3	8 – 10
	Konzentrations-Curl sitzend (s. S. 56)	2	12 – 15
Bauch	Beinanziehen sitzend (s. S. 75)	2	15 – 25
	Crunch (s. S. 76)	2	25 – 35
Rücken	Schulterheben mit der Langhantel (s. S. 37)	2	10
	SZ-Hantel-Rudern vorgebeugt im Untergriff (s. S. 31)	3	8 – 10
	Rudern vorgebeugt mit einer Kurzhantel (s. S. 35)	3	12 – 15
	Überzüge mit einer Kurzhantel (s. S. 39)	3	15

Muskelgruppe	Übung	Sätze	Wiederholungen
Schultern	Nackendrücken (s. S. 41)	3	6 – 8
	Seitheben sitzend (s. S. 42)	3	10 – 12
	Seitheben vorgebeugt auf der Schrägbank (s. S. 44)	3	12 – 15
Waden	Wadenheben einbeinig mit der Kurzhantel stehend (s. S. 77)	3	15 – 20

Bauch spezial

Ziel dieses Trainingsprogramms ist es, den Körperfettanteil so weit wie möglich zu reduzieren und die trainierte Bauchmuskulatur bestmöglich sichtbar werden zu lassen. Bei dieser Zielsetzung spielt die Ernährung eine mitentscheidende Rolle.* Zudem trägt ein Ausdauertraining wesentlich zum Abbau von Körperfett bei (s. S. 14 ff.). Sie trainieren in einer Woche drei- bis viermal. Zwischen den Trainingseinheiten sollten Sie für einen Tag pausieren.

Beispielhafter Trainingsrhythmus

Tag 1: Ausdauertraining 25 bis 40 Minuten / Bauchtraining
Tag 2: Pause
Tag 3: wie Tag 1
Tag 4: Pause
Tag 5: wie Tag 1
Tag 6: Pause
Tag 7: wie Tag 1

Tipp: Trainieren Sie die Bauchmuskelübungen mit so genannten «Tri-Sets»: Sie machen von jeder Übung hintereinander einen Satz, pausieren kurz nach der letzten Übung (Crunches) und wiederholen den Dreiersatz – insgesamt drei Sätze.

Übungen für die Bauchmuskulatur	Sätze	Wiederholungen
Beinanziehen sitzend (s. S. 75)	3	15 – 25
Beinheben liegend (s. S. 74)	3	25 – 35
Crunch (s. S. 76)	3	25 – 35

* Für ausführliche Informationen zur bodybuildinggerechten Ernährung siehe Breitenstein: «Die Kraftküche» (rororo Sport 19496) und Breitenstein: «Power Bodybuilding» (rororo Sport 19470).

Body-Symmetrie

Dieses Trainingsprogramm entwickelt besonders diejenigen Muskelgruppen, die für ein symmetrisch entwickeltes Erscheinungsbild des Körpers wichtig sind: Schultern, Bauchmuskeln und Waden. Sie trainieren zwei- bis dreimal pro Woche. Zwischen den Trainingseinheiten sollten Sie für einen oder zwei Tage pausieren.

Beispielhafter Trainingsrhythmus

Tag 1: Training
Tag 2: Pause
Tag 3: Training
Tag 4: Pause
Tag 5: Training
Tag 6: Pause
Tag 7: Pause

Muskelgruppe	Übung	Sätze	Wiederholungen
Schultern	Nackendrücken (s. S. 41)	3	6 – 8
	Kurzhantel-Drücken sitzend (s. S. 48)	3	8 – 10
	Langhantel-Rudern stehend (s. S. 49)	3	8 – 10
	Seitheben stehend (s. S. 43)	3	10 – 12
	Seitheben einarmig auf der Schrägbank (s. S. 47)	2	15
	Seitheben vorgebeugt stehend (s. S. 45)	2	12 – 15
Bauch	Beinheben liegend (s. S. 74)	3	30 – 50
	Crunch (s. S. 76)	3	30 – 50
Waden	Wadenheben sitzend (s. S. 78)	3	12 – 15
	Wadenheben einbeinig mit der Kurzhantel stehend (s. S. 77)	3	12 – 15

Pull – Push

Dieses Trainingsprogramm beinhaltet abwechselnd zum einen drückende Bewegungen für die Brust-, Schulter- und Trizepsmuskulatur und zum anderen ziehende Bewegungen für Bein-, Rücken- und Bizepsmuskulatur. Zusätzlich werden zum einen die Waden und zum anderen der Bauch trainiert. Sie trainieren in einer Woche viermal. Nach zwei aufeinander folgenden Trainingseinheiten sollten Sie für einen oder zwei Tage pausieren.

Beispielhafter Trainingsrhythmus

Tag 1: Brust / Schulter / Trizeps / Waden
Tag 2: Beine / Rücken / Bizeps / Bauch
Tag 3: Pause
Tag 4: wie Tag 1
Tag 5: wie Tag 2
Tag 6: Pause
Tag 7: Pause

Muskelgruppe	Übung	Sätze	Wiederholungen
Brust	Bankdrücken mit der Langhantel (s. S. 24)	3	6 – 8
	Schrägbankdrücken mit Kurzhanteln (s. S. 27)	3	8 – 10
	Schrägbankdrücken mit der Langhantel (s. S. 26)	3	6 – 8
Schultern	Nackendrücken (s. S. 41)	3	6 – 8
	Kurzhantel-Drücken sitzend (s. S. 48)	3	8 – 10
Trizeps	French-Press mit der SZ-Hantel auf der Schrägbank (s. S. 64)	3	8 – 10
	French-Press einarmig mit der Kurzhantel sitzend (s. S. 66)	3	10 – 12

Muskelgruppe	Übung	Sätze	Wiederholungen
Waden	Wadenheben einbeinig mit der Kurzhantel stehend (s. S. 77)	3	12 – 15
Beine	Ausfallschritt mit Kurzhanteln (s. S. 22)	3	12 – 15
	Frontkniebeuge (s. S. 19)	3	10 – 12
	Kreuzheben mit leicht angewinkelten Beinen (s. S. 20)	2	12 – 15
Rücken	Rudern vorgebeugt mit einer Kurzhantel (s. S. 35)	3	10 – 12
	Langhantel-Rudern vorgebeugt (s. S. 34)	3	8 – 10
	Überzüge mit der Langhantel (s. S. 40)	3	12 – 15
Bizeps	Konzentrations-Curl sitzend (s. S. 56)	2	12 – 15
	Scott-Curl mit der SZ-Hantel (s. S. 58)	3	6 – 8
	Langhantel-Curl (s. S. 52)	3	8 – 10
Bauch	Crunch (s. S. 76)	2	50

Vorermüdung

Diesem Trainingsprogramm liegt die so genannte Supersatz-Methode für eine Muskelgruppe zugrunde: Sie trainieren zwei Übungen für eine Muskelgruppe nacheinander ohne Pause und pausieren erst nach Abschluss des Satzes der zweiten Übung. Es ist wichtig, dass die zwei Übungen des Supersatzes möglichst ohne jegliche Pause trainiert werden. Sie trainieren in einer Woche viermal. Nach zwei aufeinander folgenden Trainingseinheiten sollten Sie für einen oder zwei Tage pausieren.

Beispielhafter Trainingsrhythmus

Tag 1: Beine / Brust / Trizeps / Waden
Tag 2: Rücken / Schulter / Bizeps / Bauch
Tag 3: Pause
Tag 4: wie Tag 1
Tag 5: wie Tag 2
Tag 6: Pause
Tag 7: Pause

Muskelgruppe	Übung	Sätze		Wiederholungen
Beine	Step-up mit Kurzhanteln (s. S. 23)	2	Supersatz	12 – 15
	Frontkniebeuge (s. S. 19)	2		10 – 12
	Kreuzheben mit leicht angewinkelten Beinen (s. S. 20)	3		15
Brust	Fliegende Bewegung auf der Flachbank (s. S. 28)	2	Supersatz	10 – 12
	Bankdrücken mit der Langhantel (s. S. 24)	2		6 – 8
	Fliegende Bewegung auf der Schrägbank (s. S. 29)	2	Supersatz	6 – 8
	Liegestütz mit weitem Handabstand (s. S. 30)	2		maximal

Muskelgruppe	Übung	Sätze	Wiederholungen
Trizeps	French-Press mit der Langhantel sitzend (s. S. 65)	2 \} Supersatz	8–10
	Dips zwischen zwei Bänken (s. S. 63)	2	maximal
Waden	Wadenheben sitzend (s. S. 78)	2 \} Supersatz	10–15
	Wadenheben einbeinig mit der Kurzhantel stehend (s. S. 77)	2	12–15
Rücken	Überzüge mit einer Kurzhantel (s. S. 39)	2 \} Supersatz	15
	SZ-Hantel-Rudern vorgebeugt im Untergriff (s. S. 31)	2	8–10
	Überzüge mit der Langhantel (s. S. 40)	2 \} Supersatz	15
	Kurzhantel-Rudern vorgebeugt (s. S. 33)	2	10–12
Schultern	Seitheben sitzend (s. S. 42)	2 \} Supersatz	10–12
	Nackendrücken (s. S. 41)	2	6–8
	Seitheben einarmig auf der Schrägbank (s. S. 47)	2 \} Supersatz	10–12
	Kurzhantel-Drücken sitzend (s. S. 48)	2	8–10
Bizeps	Kurzhantel-Curl beidarmig sitzend (s. S. 54)	2 \} Supersatz	10–12
	SZ-Hantel-Curl (s. S. 55)	2	6–8

Muskelgruppe	Übung	Sätze	Wiederholungen
	Konzentrations-Curl sitzend (s. S. 56) } Supersatz	2	12–15
	Scott-Curl mit der SZ-Hantel (s. S. 58)	2	6–8
Bauch	Beinheben liegend (s. S. 74) } Supersatz	2	25–35
	Crunch (s. S. 76)	2	25–35

Antagonistisches Supersatztraining

In diesem Trainingsprogramm werden, wie im Programm nach der Vorermüdung (s. S. 95), zwei Übungen nach der Supersatzmethode, also ohne Pause hintereinander trainiert. Beim antagonistischen Supersatztraining werden zwei muskuläre «Gegenspieler» zusammengefasst. Im vorgestellten Programm findet dieses Prinzip für die Brust- und Rückenmuskulatur sowie die Bizeps- und Trizepsmuskulatur Anwendung. Sie trainieren in einer Woche sechsmal. Sie trainieren an drei aufeinander folgenden Tagen, daran schließt sich ein Ruhetag (ggf. zwei Ruhetage) an, dann folgen wieder drei Trainingstage.

Beispielhafter Trainingsrhythmus

Tag 1: Brust / Rücken / Waden
Tag 2: Beine / Schultern / Bauch
Tag 3: Bizeps / Trizeps
Tag 4: Pause
Tag 5: wie Tag 1
Tag 6: wie Tag 2
Tag 7: wie Tag 3

Muskelgruppe	Übung		Sätze	Wiederholungen
Brust	Schrägbankdrücken mit der Langhantel (s. S. 26)	Supersatz	2	6 – 8
Rücken	Überzüge mit der Langhantel (s. S. 40)		2	12 – 15
Brust	Fliegende Bewegung auf der Flachbank (s. S. 28)	Supersatz	2	8 – 10
Rücken	Langhantel-Rudern vorgebeugt (s. S. 34)		2	8 – 10

Muskelgruppe	Übung	Sätze	Wiederholungen
Brust	Bankdrücken mit der Langhantel (s. S. 24)	2 — Supersatz	6 – 8
Rücken	Rudern vorgebeugt mit einer Kurzhantel (s. S. 35)	2	10 – 12
Waden	Wadenheben sitzend (s. S. 78)	3	12 – 15
Beine	Frontkniebeuge (s. S. 19)	2	10 – 12
	Step-up mit Kurzhanteln (s. S. 23)	2	10 – 12
	Kreuzheben mit leicht angewinkelten Beinen (s. S. 20)	2	15
Schultern	Nackendrücken (s. S. 41)	3	8 – 10
	Seitheben sitzend (s. S. 42)	3	10 – 12
	Seitheben vorgebeugt auf der Schrägbank (s. S. 44)	3	12 – 15
Bauch	Beinheben liegend (s. S. 74)	2	25 – 35
	Crunch (s. S. 76)	2	25 – 35

Muskelgruppe	Übung	Sätze	Wiederholungen
Bizeps	Kurzhantel-Curl beidarmig sitzend (s. S. 54)	2 — Supersatz	6 – 8
Trizeps	French-Press mit der SZ-Hantel auf der Schrägbank (s. S. 64)	2	8 – 10
Bizeps	Langhantel-Curl (s. S. 52)	2 — Supersatz	6 – 8
Trizeps	Engbankdrücken (s. S. 62)	2	6 – 8
Bizeps	Konzentrations-Curl sitzend (s. S. 56)	2 — Supersatz	12 – 15
Trizeps	French-Press einarmig mit der Kurzhantel sitzend (s. S. 66)	2	12 – 15

Dehnen für Bodybuilder

Positive Effekte des Dehnens

Stretching bzw. Beweglichkeitstraining komplettiert ideal jedes Bodybuildingprogramm. Gezielte Dehnübungen für die einzelnen Muskelgruppen haben vielfältige positive Auswirkungen auf die körperliche Leistungsfähigkeit.

- Verbesserung der Dehnfähigkeit von Muskeln, Sehnen, Bändern und Gelenkkapseln
- Vorbeugung vor Muskelverkürzungen
- Verbesserung des Körpergefühls
- Abbau von mentalem Stress
- Beschleunigung der Erholung nach körperlicher Aktivität

Jedes klug organisierte Bodybuildingprogramm sollte Dehnübungen beinhalten. Beim Dehnen zum Aufwärmen sollte die Betriebstemperatur des Körpers bereits erhöht sein. Als Leitsatz gilt: Dehne niemals einen kalten Muskel! Das Dehnen der trainierten Muskelgruppe zwischen den Sätzen ist eine weitere Möglichkeit, die positiven Effekte zu nutzen. Nach dem Training trägt das Dehnen zur Beruhigung des Muskelstoffwechsels bei und beschleunigt den Regenerationsprozess.

So dehnen Sie richtig

Aufgrund der einfachen Technik ist das *statische Dehnen* für alle sportlichen Leistungsstufen empfehlenswert – so wird es gemacht:

- Dehnen Sie langsam und vorsichtig, bis Sie ein Spannungsgefühl in der Zielmuskulatur verspüren!
- Halten Sie die gedehnte Position zwischen 20 und 30 Sekunden!
- Konzentrieren Sie sich ganz auf den gedehnten Muskel!
- Atmen Sie gleichmäßig ein und aus, vermeiden Sie Pressatmung!
- Lösen Sie die Spannung genauso vorsichtig, wie Sie diese eingenommen haben.

Ausgewählte Dehnübungen für Bodybuilder

Mit den beschriebenen Übungen dehnen Sie die Hauptmuskelgruppen des Körpers. Aufgrund der vielfältigen positiven Effekte von Dehnübungen sollten diese Bestandteil jedes guten Bodybuildingprogramms sein (s. S. 9 ff.).

Hintere Oberschenkel
Sie legen einen Fuß auf eine etwa hüfthohe Ablage und beugen den Oberkörper nach vorne, bis Sie ein Spannungsgefühl in der hinteren Oberschenkelmuskulatur verspüren. Wenn möglich, fassen Sie mit einer Hand das Schienbein oder den Fuß des abgelegten Beins und halten diese Position für 20 bis 30 Sekunden. Pro Bein einen bis drei Durchgänge.

Hintere Oberschenkel

Sie stehen mit weiter als schulterbreit gespreizten Beinen und beugen den Oberkörper nach vorne. Umfassen Sie mit beiden Händen das Schienbein oder den Fuß eines Beins und erspüren Sie die Dehnung in der hinteren Oberschenkelmuskulatur. Halten Sie den Rücken dabei gerade. Pro Bein einen bis drei Durchgänge von je 20 bis 30 Sekunden.

Vordere Oberschenkel
Sie stehen locker. Winkeln Sie ein Bein an und umfassen Sie mit der seitengleichen Hand das Fußgelenk. Das Knie zeigt immer zum Boden. Ziehen Sie das Bein nach hinten, ohne dass es nachgibt, bis Sie eine Dehnung in der vorderen Beinmuskulatur verspüren. Pro Bein einen bis drei Durchgänge von je 20 bis 30 Sekunden.

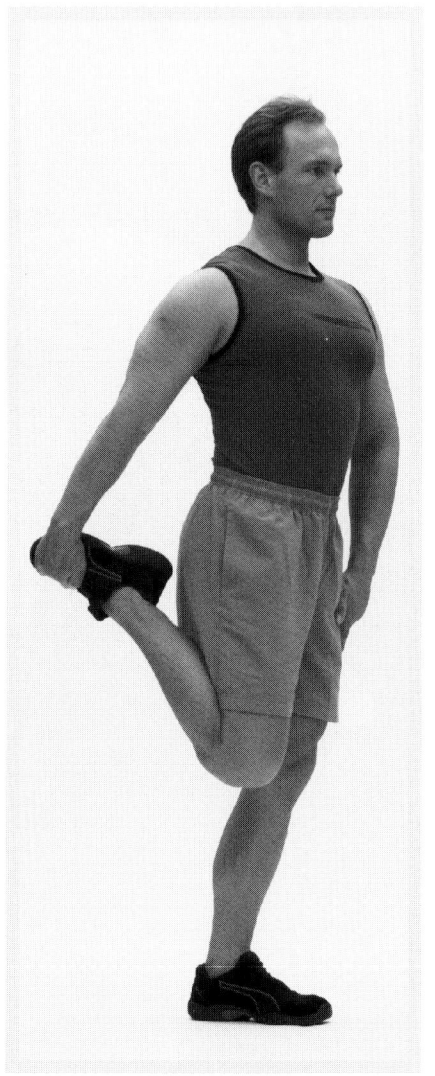

Vordere Oberschenkel

Sie machen in kniender Position einen Ausfallschritt. Ziehen Sie den hinteren Fuß in Richtung Gesäß und lehnen Sie Ihren Oberkörper dabei etwas nach vorne. Erspüren Sie die Dehnung in der vorderen Oberschenkelmuskulatur. Pro Bein einen bis drei Durchgänge von je 20 bis 30 Sekunden.

Unterer Rücken
Sie sitzen auf dem Ende einer Trainingsbank. Beugen Sie den Oberkörper nach vorne, bis Ihre Hände den unteren Bereich der Schienbeine umfassen können. Erspüren Sie die Dehnung im unteren Rücken. Einen bis drei Durchgänge von je 20 bis 30 Sekunden.

Unterer Rücken

Sie liegen mit angewinkelten Knien und seitlich ausgestreckten Armen rücklings auf dem Boden. Bewegen Sie beide Beine seitlich in Richtung Boden, ohne dass Ellenbogen, Kopf und Schultern den Kontakt mit dem Boden verlieren. Erspüren Sie die Dehnung im unteren Rücken. Pro Seite einen bis drei Durchgänge von je 20 bis 30 Sekunden.

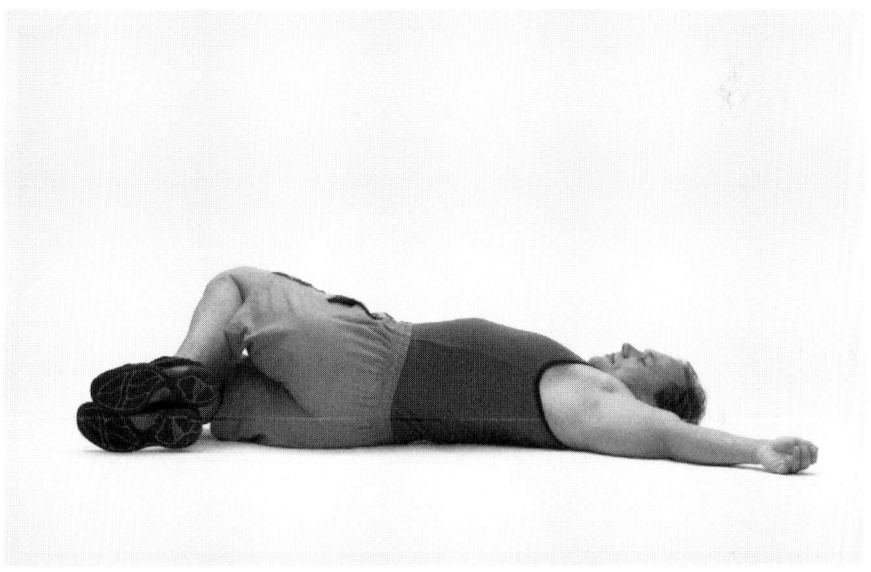

Hüften und Gesäß
Sie sitzen auf dem Boden und stellen ein Bein gekreuzt über das andere, ausgestreckte Bein. Legen Sie Ihren Ellenbogen auf die Außenseite des gebeugten Beins und drücken Sie damit leicht dagegen. Schauen Sie dabei auf der Seite des gebeugten Beines über die Schulter und platzieren Sie den freien Arm hinter Ihrem Gesäß. Erspüren Sie die Dehnung in den Hüften und im Gesäß. Pro Seite einen bis drei Durchgänge von je 20 bis 30 Sekunden.

Gesäß und unterer Rücken
Sie liegen rücklings auf dem Boden und winkeln ein Bein in Richtung Brustkorb an. Umfassen sie mit beiden Händen das Knie des angewinkelten Beines und ziehen Sie es in Richtung Brustkorb, bis Sie eine Dehnung im Gesäß und im unteren Rücken spüren. Pro Bein einen bis drei Durchgänge von je 20 bis 30 Sekunden.

Hintere Oberschenkel und Adduktoren

Sie sitzen mit gespreizten Beinen auf dem Boden und beugen den Oberkörper nach vorne, bis Sie mit den Händen Ihr Schienbein oder den Fuß der einen Seite umfassen können. Versuchen Sie, beide Beine möglichst gestreckt auf dem Boden zu halten. Erspüren Sie die Dehnung der hinteren Oberschenkel und der Adduktoren an der Innenseite der Oberschenkel. Pro Bein einen bis drei Durchgänge von je 20 bis 30 Sekunden.

Adduktoren
Sie sitzen mit seitlich angewinkelten Beinen auf dem Boden. Umfassen Sie mit beiden Händen Ihre Füße und ziehen Sie den Oberkörper leicht nach vorne in Richtung Boden. Drücken Sie gleichzeitig die Knie in Richtung Boden. Halten Sie dabei den Rücken gerade. Erspüren Sie die Dehnung der Adduktoren an der Innenseite der Oberschenkel. Einen bis drei Durchgänge von je 20 bis 30 Sekunden.

Waden
Sie beugen den Oberkörper nach vorne und stützen sich dabei am Ende einer steil eingestellten Rückenlehne einer Trainingsbank oder an der Wand ab. Setzen Sie einen Fuß mit gestrecktem Bein nach hinten. Achten Sie darauf, dass die Fersen stets Kontakt mit dem Boden behalten. Erspüren Sie die Dehnung in der Wade des hinteren Beins. Pro Bein einen bis drei Durchgänge von je 20 bis 30 Sekunden.

Rücken

Sie fassen mit vorgebeugtem Oberkörper und gestrecktem Arm mit einer Hand eine Halterung, z. B. das obere Ende einer schräg gestellten Trainingsbank. Stützen Sie sich mit der freien Hand auf dem Oberschenkel ab und ziehen Sie den Körper in Richtung Boden, bis Sie eine Dehnung bis hinunter in den tiefen Ansatz des Rückenmuskels der Körperseite spüren. Pro Seite einen bis drei Durchgänge von je 20 bis 30 Sekunden.

Rücken
Sie knien auf dem Boden und beugen den Oberkörper mit gestreckten Armen nach vorne, bis Ihre Handflächen Kontakt mit dem Boden bekommen. Halten Sie den Rücken gerade, ziehen Sie den Oberkörper in Richtung Boden. Erspüren Sie die Dehnung in der Rückenmuskulatur. Einen bis drei Durchgänge von je 20 bis 30 Sekunden.

Brust

Sie greifen in kniender Position mit gestrecktem Arm eine Halterung auf Schulterhöhe, z. B. eine steil eingestellte Trainingsbank. Drehen Sie den Oberkörper ein, bis Sie eine Dehnung in der Brustmuskulatur spüren. Pro Seite einen bis drei Durchgänge von je 20 bis 30 Sekunden.

Schulter

Sie sitzen auf dem Ende einer Trainingsbank. Umfassen Sie den auf Schulterhöhe befindlichen Ellenbogen mit der Hand des anderen Armes. Ziehen Sie leicht am Ellenbogen, sodass der Ellenbogen dagegenhalten muss, um die Position zu halten. Erspüren Sie die Dehnung in der Schultermuskulatur. Halten Sie den Rücken gerade. Pro Seite einen bis drei Durchgänge von je 20 bis 30 Sekunden.

Trizeps

Sie sitzen auf dem Ende einer Trainingsbank. Platzieren Sie einen Arm hinter dem Kopf, den anderen hinter dem Rücken. Halten Sie in beiden Händen ein Handtuch und ziehen Sie es mit der hinter dem Rücken gehaltenen Hand in Richtung Boden. Erspüren Sie die Dehnung im Trizeps. Pro Seite einen bis drei Durchgänge von je 20 bis 30 Sekunden.

Bizeps
Sie stehen und halten beide Arme vor Ihrem Körper, die Handflächen sind zueinander gewandt. Drücken Sie die Arme bis zur vollen Streckung der Ellenbogengelenke durch. Erspüren Sie die Dehnung im Bizeps. Einen bis drei Durchgänge von je 20 bis 30 Sekunden.

Nacken
Sie sitzen auf dem Ende einer Trainingsbank. Fassen Sie mit einer Hand über Ihren Kopf. Ziehen Sie den Kopf vorsichtig in Richtung Schulter, ohne ihn dabei zu drehen. Halten Sie den Rücken gerade. Erspüren Sie die Dehnung in der Nackenmuskulatur. Pro Seite einen bis drei Durchgänge von je 20 bis 30 Sekunden.

Bauch
Sie liegen bäuchlings auf dem Boden, die Beine sind gestreckt, die Arme nach vorne gerichtet. Heben Sie den Oberkörper nach oben an, bis Sie eine Dehnung in der Bauchmuskulatur und eine Spannung in der unteren Rückenmuskulatur spüren. Legen Sie dabei nicht den Kopf in den Nacken. Einen bis drei Durchgänge von je 20 bis 30 Sekunden.

Anhang

Übungen in der Übersicht

Beine
Kniebeuge (s. S. 17)
Frontkniebeuge (s. S. 19)
Kreuzheben mit leicht angewinkelten Beinen (s. S. 20)
Ausfallschritt mit der Langhantel (s. S. 21)
Ausfallschritt mit Kurzhanteln (s. S. 22)
Step-up mit Kurzhanteln (s. S. 23)

Brust
Bankdrücken mit der Langhantel (s. S. 24)
Bankdrücken mit Kurzhanteln (s. S. 25)
Schrägbankdrücken mit der Langhantel (s. S. 26)
Schrägbankdrücken mit Kurzhanteln (s. S. 27)
Fliegende Bewegung auf der Flachbank (s. S. 28)
Fliegende Bewegung auf der Schrägbank (s. S. 29)
Liegestütz mit weitem Handabstand (s. S. 30)

Rücken
SZ-Hantel-Rudern vorgebeugt im Untergriff (s. S. 31)
Hyperextension auf dem Boden (s. S. 32)
Kurzhantel-Rudern vorgebeugt (s. S. 33)
Langhantel-Rudern vorgebeugt (s. S. 34)
Rudern vorgebeugt mit einer Kurzhantel (s. S. 35)

Schulterheben mit der Langhantel (s. S. 37)
Schulterheben mit Kurzhanteln (s. S. 38)
Überzüge mit einer Kurzhantel (s. S. 39)
Überzüge mit der Langhantel (s. S. 40)

Schultern
Nackendrücken (s. S. 41)
Seitheben sitzend (s. S. 42)
Seitheben stehend (s. S. 43)
Seitheben vorgebeugt auf der Schrägbank (s. S. 44)
Seitheben vorgebeugt stehend (s. S. 45)
Seitheben einarmig stehend (s. S. 46)
Seitheben einarmig auf der Schrägbank (s. S. 47)
Kurzhantel-Drücken sitzend (s. S. 48)
Langhantel-Rudern stehend (s. S. 49)
Frontheben mit der Langhantel (s. S. 50)
Frontheben mit Kurzhanteln (s. S. 51)

Bizeps
Langhantel-Curl (s. S. 52)
Kurzhantel-Curl einarmig sitzend (s. S. 53)
Kurzhantel-Curl beidarmig sitzend (s. S. 54)
SZ-Hantel-Curl (s. S. 55)
Konzentrations-Curl sitzend (s. S. 56)
Scott-Curl mit der Kurzhantel (s. S. 57)
Scott-Curl mit der SZ-Hantel (s. S. 58)
Schrägbank-Curl (s. S. 59)
Flachbank-Curl liegend (s. S. 60)
Hammer-Curl (s. S. 61)

Trizeps
Engbankdrücken (s. S. 62)
Dips zwischen zwei Bänken (s. S. 63)

French-Press mit der SZ-Hantel auf der Schrägbank (s. S. 64)
French-Press mit der Langhantel sitzend (s. S. 65)
French-Press einarmig mit der Kurzhantel sitzend (s. S. 66)
French-Press mit der Langhantel liegend (s. S. 67)
Kickback (s. S. 68)
Kurzhantel-Press beidarmig liegend (s. S. 69)
Kurzhantel-Press einarmig liegend (s. S. 70)

Unterarme
Reverse-Curl (s. S. 71)
Handgelenks-Curl beidarmig mit der Langhantel auf der Bank (s. S. 72)
Handgelenks-Curl reverse mit der Langhantel sitzend (s. S. 73)

Bauch
Beinheben liegend (s. S. 74)
Beinanziehen sitzend (s. S. 75)
Crunch (s. S. 76)

Waden
Wadenheben einbeinig mit der Kurzhantel stehend (s. S. 77)
Wadenheben sitzend (s. S. 78)

Literatur

Anderson, B.: Stretching. München 1996
Breitenstein, B./Hamm, M.: Bodybuilding. Erfolgreich, natürlich, gesund. Reinbek 1996/2000
Breitenstein, B.: Power Bodybuilding. Erfolgreich, natürlich, gesund. Reinbek 1999/2001
Breitenstein, B.: Bodybuilding. Die besten Übungen. Reinbek 1999/2000
Faller, A.: Der Körper des Menschen. Stuttgart–New York 1966/1995
Freiwald, J.: Aufwärmen im Sport. Reinbek 1991
Gärtner, H.: Stretch your Body. In: Sportrevue 8/01, 48–53
Letzelter, H. M.: Krafttraining. Reinbek 1986
Markworth, P.: Sportmedizin. Reinbek 1983/1995
Röthig et al. (Hrsg.): Sportwissenschaftliches Lexikon. Schorndorf: Hofmann 1992
Wuebben, J.: Der Trainingsleitfaden für Nichtwettkämpfer. 6 Übungen für massivere Oberschenkel. In: Muscle & Fitness 8/01, 40–47

Der Autor

Berend Breitenstein, geboren 1964, ist Ernährungswissenschaftler (Dipl. oec. troph.) und lizenzierter Bodybuilding-Trainer. Er ist im Besitz der Athletenlizenz der World Natural Bodybuilding Federation (WNBF/New York) und nimmt an internationalen Profi-Meisterschaften dieses Verbandes in den Vereinigten Staaten von Amerika teil.

Im Rowohlt Taschenbuch Verlag sind bereits von ihm erschienen: Bodybuilding. Erfolgreich, natürlich, gesund. (Nr. 9426), Power Bodybuilding. Erfolgreich, natürlich, gesund. (Nr. 9470), Bodybuilding. Die besten Übungen. (Nr. 19483), Die Kraftküche. Einfach, schmackhaft, gesund. (Nr. 19496) und Bodybuilding. Die besten Methoden. (Nr. 61007).

Als VHS ist von ihm erschienen: Natural Training. Erfolgreicher Muskelaufbau ohne Doping. (2001). Als VHS und DVD ist erschienen: Men's Power Body – Natürliches Bodybuilding. (Polyband, 2001).

www.berend-breitenstein.de

Das Video von und mit Berend Breitenstein auf VHS und DVD

Dieses Programm wurde zusammen mit **Berend Breitenstein – Autor dieses Buches**, Ernährungswissenschaftler (Dipl.oec.troph) und WNBF Pro (World Natural Bodybuilding Federation / New York) – erarbeitet.

Dieser Film vermittelt Ihnen das Know-How eines gesunden Krafttrainings und zeigt die besten Übungen für den Muskelaufbau:
- Übungen mit freien Gewichten
wie Lang- und Kurzhanteln
(z.B. für das Training zuhause)
- Übungen an speziellen Maschinen
(z.B. für das Training im Studio)

Mit diesen Übungen können Sie jede Muskelgruppe Ihres Körpers gezielt trainieren und nach Ihren persönlichen Vorstellungen entwickeln.
Die beiliegenden Trainingspläne (28seitiges Booklet) beinhalten Beispiele für individuell optimierte Belastung und unterstützen bei der Auswahl der richtigen Übungen.
Erfahren Sie die eigenen Möglichkeiten durch richtiges Training, ausgewogene Ernährung und ausreichende Erholung. **BUILD YOUR BODY!**

Ja, ich bestelle „Men's Power Body"

☐ als Video (VHS)
zum Preis von € 25,- inkl. Versandkosten

☐ als DVD
zum Preis von € 30,- inkl. Versandkosten

Ich bezahle wie folgt:
☐ Scheck / Bargeld anbei
☐ Vorab-Überweisung auf das Konto Nr. 1252/123276 bei der Hamburger Sparkasse (BLZ 200 505 50)

| Name |
| Strasse, Nr |
| PLZ, Ort |
| Tel. |
| Datum / Unterschrift |

Technische Infos DVD:
Laufzeit: 80 Minuten
Bildformat: 16:9 (1,78:1)
Tonformat: Dolby Digital 2.0
Länder-Code: 2 PAL

Bestelladresse:
Berend Breitenstein
Sülldorfer Brooksweg 90a
22559 Hamburg

Einfach und schnell:
Bestellen Sie online unter
www.berend-breitenstein.de
oder per Fax unter **040 - 81 96 10 57**

Gut aussehen und sich wohlfühlen

Die 10-Minuten-Programme für eine tolle Figur:

**Bodytrainer
Bauch, Taille, Hüfte**
(sport 19407)
von Sabine Letuwnik

**Bodytrainer
Brust und Arme**
(sport 19408)
von Sabine Letuwnik

**Bodytrainer
Po und Beine**
(sport 19409)
von Sabine Letuwnik

Der Hantel-Krafttrainer
Die besten Übungen
(sport 61013)
von Hans-Dieter Kempf

Der Bodytrainer. Das Programm für Ihre Wunschfigur
(sport 19460)
von Sabine Letuwnik
und Jürgen Freiwald

Bodytrainer Schwangerschaft
Fit für zwei durch Bewegung und Entspannung
(sport 19461)
von Marion Appel-Schiefer

**Bodytrainer für Männer:
Bauch**
(sport 19438)
von Sabine Letuwnik
und Jürgen Freiwald

**Bodytrainer für Männer:
Fit von Kopf bis Fuß**
(sport 19439)
von Sabine Letuwnik
und Jürgen Freiwald

Bodytrainer Tubing *Der effektive Weg zu besserer Fitness und einer guten Figur*
(sport 19493)
von Andreas Wnuck

Muskeltraining
Übungsprogramme mit Kleingeräten
(sport 18640)
von Johannes Mende

Power-Bodybuilding
Erfolgreich, natürlich, gesund
(sport 19470)
von Berend Breitenstein

Fit und schön mit dem Thera-Band®
Trainingsbuch für Frauen
(sport 19479)
von Hans-Dieter Kempf

Trainingsbuch Bauchmuskulatur
(sport 19469)
von Heinz Helge Fach

Das Bodyprogramm
Die besten Übungen für Kraft, Beweglichkeit und Entspannung
(sport 61005)
von Stefan Schönthaler

Weitere Informationen in der
Rowohlt Revue, kostenlos im Buchhandel, und im **Internet:**
www.rororo.de

rororo sport

Freizeitsport

Der Triathlon-Trainer
Die besten Programme
(sport 61012)
von Herrmann Scharnagl

Das Basketball-Handbuch
(sport 19427)
Hg. von Günter Hagedorn,
Dieter Niedlich und
Gerhard J. Schmidt

Bodybuilding
Die besten Übungen
(sport 19483)
von Berend Breitenstein

Runner's World: Marathon
Die besten Programme
(sport 61010)
von Thomas Steffens

Trainingsbuch Indoor-Cycling
*Die besten Programme für
Ausdauer und Gesundheit*
(sport 61008)
von Ingo Froböse

**Rückentraining mit dem
Thera-Band®**
*Fit und gesund mit
Kleingeräten*
(sport 61001)
von Hans-Dieter Kempf

Trainingsbuch Fatburner
*Der leichte Weg zum
richtigen Gewicht*
(sport 19498)
von Sabine Kempf

Jonglieren
(sport 19434)
von Adrian Voßkühler

**Krafttraining mit dem
Thera-Band®**
Die besten Übungen
(sport 19484)
von Hans-Dieter Kempf und
Andreas Strack

Tanzen
*Die wichtigsten Schritte für
Anfänger und
Wiedereinsteiger*
(sport 19451)
von Kurt Braunmüller

Tennis-Funktionsgymnastik
*Tischtennis, Badminton,
Squash*
(sport 18621)
von K.-Peter Knebel, Bernd
Herbeck, Susanne Schaffner

Weitere Informationen in der
Rowohlt Revue, kostenlos im
Buchhandel, und im **Internet:**
www.rororo.de

rororo sport

Ole Petersen
Lifepower
Das Anti-Aging-Programm
Mit Entspannungs-CD (61000)

– Sie fühlen sich jünger.
– Sie sind gesünder.
– Sie bauen Fett ab.
– Sie sind resistenter.
– Sie sehen fitter aus.
– Sie sind ausgeglichener.
– Sie sind sexuell aktiver.

All dies und noch viel mehr erreichen Sie mit dem Lifepower-Programm von Ole Petersen. Er selbst brachte es in wenigen Jahren vom Nichtsportler zum Rekordhalter im Doppel-Ironman – und all das mit seiner sanften und zeitsparenden Methode: dem Drei-Säulen-Programm
Bewegung – Entspannung – Ernährung.